# Plattdeutsch entschlüsselt:
# *döppen, puspeln, hassebassen*

**Westfälische Beiträge zur niederdeutschen Philologie**

Im Auftrag der Kommission für Mundart- und Namenforschung Westfalens
herausgegeben von Antje Dammel, Robert Peters (†) und Jan Wirrer

Schriftleitung: Friedel Helga Roolfs

**Band 23**

Bibliografische Informationen der deutschen Nationalbibliothek
Die deutsche Nationalbibliothek verzeichnet diese Publikation in der Deutschen Nationalbibliografie; detaillierte bibliografische Daten sind im Internet über http://dnb.d-nb.de abrufbar.



ISSN 1615-2549
ISBN 978-3-87023-485-0

www.ardey-verlag.de
www.mundartkommission.lwl.org

Titelbild: Standseitentruhe (Inv.Nr. 1965:4647) im Besitz des LWL-Freilichtmuseums Detmold – Westfälisches Landesmuseum für Alltagskultur; Fotografie: Ulrich Pölert
Gestaltung: Pahne & Schiemann, Münster
Druck: Grafisches Centrum Cuno GmbH & Co. KG, Calbe (Saale)
Printed in Germany

Markus Denkler

# Plattdeutsch entschlüsselt:
# *döppen, puspeln, hassebassen*

Ardey-Verlag
Münster 2024

# INHALT

# Einleitung

Wenn man unabsichtlich lacht, nennt man das auf Malaiisch, Amtssprache unter anderem in Malaysia und Singapur, *tergelak*. Die Fingernägel zu kurz schneiden heißt auf Russisch *zastrich* (vgl. Jacot de Boinod 2006). Sprecherinnen und Sprecher von Guugu Yimithirr, einer australischen Sprache, sagen, wenn sie nicht genug Platz im Auto haben, so etwas wie *guwa-gu manaayi* („rück ein bisschen nach Westen"). Sie verwenden auch in kleinräumigen Zusammenhängen stets die Wörter für die Himmelsrichtungen (vgl. Deutscher 2014). Die Sprachen der Welt zeigen eine faszinierende Vielfalt. Sie unterscheiden sich nicht nur darin, dass sie unterschiedliche Wörter für die gleichen Dinge verwenden. Wofür es überhaupt Wörter gibt, geht in den Sprachen weit auseinander. Und mit welchen Bildern und Ideen die Wörter versehen sind, ist ebenfalls vielfältig. Die Welt wird mit den unterschiedlichen Sprachen ganz unterschiedlich erschlossen.

Beim Plattdeutschen ist eine eigene Sicht der Dinge vielleicht nicht gleich ersichtlich. Das mag damit zu tun haben, dass in Norddeutschland schon seit geraumer Zeit Plattdeutsch und Hochdeutsch gesprochen wird und sich die beiden Sprachen einander angenähert haben. Viele plattdeutsche Wörter kann man ohne große Probleme aus dem Hochdeutschen herleiten: *Knieptange, Kinnergaoren, Maihdiärschker*. Dennoch hat der plattdeutsche Wortschatz ein eigenes Profil; er ist über die Jahrhunderte eigenständig gewachsen. Charakteristisch für das westfälische Platt sind etwa auch zahlreiche Wortentlehnungen aus dem Niederländischen, dem Französischen und dem Jiddischen.

Bei der Suche nach plattdeutschen Wort-Besonderheiten kann man allerdings auch ins Fettnäpfchen treten und allzu platte Stereotype bedienen. Wie etwa das Schimpfen. Auf Platt könne man angeblich besonders gut schimpfen und fluchen, aber das klinge dann nicht so harsch und sei nicht so verletzend wie auf Hochdeutsch – das hört man sehr oft (vgl. Wirrer 1987). Darum soll es hier jedoch nicht gehen, auch wenn das ein oder andere Schimpfwort mit dabei ist (zum Beispiel *Freiseküeddel*, *Störtförtsüll* oder *Gaffeltange*, siehe unter *Ohrwurm*). Das Plattdeutsche wurde zu früheren Zeiten oft mit Derbheit und Rohheit assoziiert. Im vergangenen Jahrhundert sind positive Zuschreibungen stärker geworden, die mit dem Zurückdrängen des Plattdeutschen ins Private und Familiäre zu tun haben.

Laut Henzen (1954, 32, 34) sind die Dialekte insgesamt durch eine „Neigung zu drastischer, übertreibender, bildhafter Ausdrucksweise" und eine „Vorliebe für gefühlsbetonte Ausdrücke" gekennzeichnet. Dieses Urteil mag einerseits vom mitgedachten Gegenpol (der „nüchternen" Schriftsprache) aus motiviert sein, andererseits auch in der Praxis des Sammelns von Dialektwörtern gründen, wo „gefühlsbetonte" und bildhafte Wörter von besonderem Interesse waren. Ob nun besondere Neigungen oder Vorlieben im Spiel sind oder nicht – sprachliche Bilder und „emotive" (Emotionen und Bewertungen anzeigende) Wortbildungen sind in der Tat sehr aufschlussreich bei der Erkundung von Wortschätzen und werden auch im vorliegenden Büchlein immer wieder thematisiert.

Andererseits sind in den Mundarten vielleicht stärker noch als die Wörter die Redensarten und andere Mehrworteinheiten die Domänen für ausdrucksstarkes Sprechen: Wer im Hochdeutschen beispielsweise ein *Mordskerl* genannt wird, ist im westmünsterländischen Platt *ne Baas van ne Käärl* (eigentlich „ein Chef von einem Kerl"), ein hochdeutscher *Frömmler* wird auf Platt so charakterisiert: *Wenn he dood is, loopt de Schoh noch nao de Karke* (wörtlich: „Wenn er tot ist, laufen die Schuhe noch zur Kirche"; vgl. Piirainen 2011). Redensarten können hier nur ganz am Rande behandelt werden.

In diesem Büchlein soll das Plattdeutsche also ein wenig entschlüsselt, der Deckel der plattdeutschen Schatztruhe etwas gelüftet werden. Im Mittelpunkt stehen kleine Portraits von Wörtern. Ausgewählt wurden zum einen Wörter, die etwas Überraschendes, bislang Verborgenes oder gar Fremdes über das Plattdeutsche erzählen können. Zum anderen werden aber auch Wörter behandelt, die auch Menschen ohne Plattdeutsch-Kenntnisse ganz geläufig sind, weil sie auch im regionalen Hochdeutsch, in den „Regiolekten", üblich sind. Bei diesen Wörtern sind die plattdeutschen „Wurzeln" oft aufschlussreich. Dabei wird vor allem die Sphäre des Alltags angesteuert. Längst vergangene Welten, ausgestorbene Berufe mit ihren Fachwortschätzen und dergleichen, werden nur in einzelnen Beispielen berührt, vor allem im Wortschatzbereich der Landwirtschaft (zum Beispiel *Makeimer, Mickenick*).

Im ersten Teil des Buchs stehen einzelne plattdeutsche Wörter im Fokus. Die Texte sind größtenteils für die Reihe „Wort des Monats" der Kommission für Mundart- und Namenforschung Westfalens und der Pressestelle des Landschaftsverbandes Westfalen-Lippe (LWL) verfasst worden: Seit 2019 gibt es diese Reihe, in der mit kurzen Texten ein Schlaglicht auf ein spannendes Wort geworfen wird. Die LWL-Pressestelle gibt die Texte in abgewandelter Form als Pressemitteilungen heraus, die von einigen

Zeitungen dankbar aufgegriffen werden. Außerdem sind die Wörter bei Instagram gepostet worden (unter @sprache.in.westfalen).

Im zweiten Teil ist der Ausgangspunkt ein Begriff, wie etwa *eilig*, *flüstern* oder *Wald*. Hier stellt sich anders herum die Frage, welche Wörter in den westfälischen Mundarten für diesen Begriff verwendet werden. Farbige Sprachkarten dienen in diesem Teil dazu, die lexikalische Vielfalt aufzuzeigen. Es geht dabei um immer wieder neue Gliederungen der westfälischen Mundarten, um Muster und Tendenzen der westfälischen Wortgeographie. Deutlich werden auch verschiedene Einflüsse von außen, großräumige Zusammenhänge und kulturelle Entwicklungen. Diese Karten und Texte sind für die Reihe „Westfälischer Wortschatz" erstellt worden, die seit 2018 in der Zeitschrift „Heimat Westfalen" des Westfälischen Heimatbundes erscheint.

Manchmal hat man es mit örtlichen Besonderheiten zu tun, die bereits im Nachbarort niemand kennt, manchmal aber auch mit Wörtern, die in ganz Norddeutschland bekannt sind. Einige Wörter sind schon in den ältesten niederdeutschen Schriftquellen aus dem frühen Mittelalter bezeugt, andere sind auch in anderen Teilen Deutschlands in den Ortsmundarten bekannt, aber nicht in die Schriftsprache übernommen worden. Wie bereits erwähnt, sind gerade auch die Entlehnungen aufschlussreich für den Kulturkontakt wie etwa den Handel in früheren Zeiten. Am Ende des Bandes sind in einem Register alle plattdeutschen Wörter aufgeführt, die in den Texten aufgegriffen und erläutert werden.

Eine ganze Reihe von Menschen haben zur Entstehung dieses Buches ihren Beitrag geleistet. Die LWL-Pressestelle hat die Pressemitteilungen der Reihe „Wort des Monats" betreut, namentlich Maren Becker, Michelle

Fiege, Markus Fischer und Sarah Rütershoff. Auch viele der Fotos, die in diesem Buch die Wörter illustrieren, haben sie herausgesucht. Dies gilt auch für Johanna Mett und Lea Röseler, die als wissenschaftliche Volontärinnen der Kommission Instagram-Posts zu den Wörtern des Monats erstellt haben. Das „Wort des Monats" wird auch im Hörfunk aufgegriffen: Markus Hiegemann macht einmal im Monat ein Interview darüber in seiner Sendung „Do biste platt" in der Hochsauerlandwelle. Die Reihe „Westfälischer Wortschatz" wird beim Westfälischen Heimatbund von Frauke Hoffschulte betreut. Die Karten, die Herzstücke dieser Reihe, stammen von Dirk Frerichmann. Die Texte wurden von Robert Damme, Friedel Roolfs und Alexandra Strauß gewissenhaft gegengelesen. Das ansprechende Layout des Buches stammt von Andrea Pahne-Schiemann. Ihnen allen sei herzlich gedankt!

# Wörter

# Apenköster

Der *Apenköster* ist, wörtlich übersetzt, ein Affenküster, also ein Küster (Kirchendiener) für die Affen. Es ist klar, dass dies keine wirkliche Berufsbezeichnung ist. Das Wort ist vor allem im Platt des westlichen Teils Westfalens gebräuchlich. Mit *Apenköster* bezeichnet man einen Spaßmacher oder Komiker. Wenn man jemanden *Apenköster* nennt, ist das aber zumeist nicht positiv gemeint. Ein *Apenköster* ist eine Person, die durch übertriebenes und unpassendes Gehabe auffällt und sich lächerlich macht. Es handelt sich also um ein Schimpfwort: *Dou aule Apenköster!* (Beleg aus Bielefeld-Brackwede). Der *Köster* muss in plattdeutschen Sprichwörtern und Wortzusammensetzungen häufiger als nicht ganz ernst zu nehmende Figur herhalten. So gibt es noch den *Viggelienenköster*, wörtlich „Violinenküster“, damit ist ein Straßenmusikant oder eine Person ohne festen Beruf gemeint. Das Wort findet sogar als Verb Verwendung: wer beispielsweise *pottköstert*, hat schlecht gekocht.

# Bessmoder

Die Verwandtschaftsbezeichnungen bilden ein geordnetes System mit Unterscheidungen wie männlich – weiblich oder Vaterlinie – Mutterlinie. Zu den Verwandtschaftsbezeichnungen des westfälischen Platt gehört *Bessmoder*, damit ist die Großmutter gemeint. Das Wort ist aus *beste* und *Moder* zusammengesetzt, die *Bessmoder* ist also eigentlich die „Bestmutter". Daneben gibt es natürlich auch den *Bessvader*. *Bessmoder* galt zunächst vermutlich in ganz Westfalen, ist aber vor allem im östlichen Teil schon stark von *Oma, Grootmauder / Großmutter* verdrängt worden. Wenn jemand der Meinung war, mit einer anderen Person weitläufig verwandt zu sein, konnte er die folgende plattdeutsche Redensart sagen: *Mien Ankemoers Haik lagg op dien Beßmoers Kist.* „Das Kopftuch meiner Urgroßmutter lag auf der Kiste deiner Großmutter." Im Wort *Ankemoer* wiederum ist der erste Bestandteil mit *Ahn* und *Enkel* verwandt.

# Büxe

Mit diesem Wort ist keine Konservendose und auch keine Feuerwaffe gemeint. Das Wort *Büxe* wird im Plattdeutschen für die Hose verwendet. Viele kennen vielleicht die Zeilen *O, wat is dat Pöggsken fien met de gröne Bücks!* aus dem Gedicht „Dat Pöggsken“ von Augustin Wibbelt, wo ein Frosch tatsächlich eine grüne Hose trägt. Am Westrand Westfalens, etwa bis Rheine – Lüdenscheid, ist die Form *Buxe* mit *u* üblich. Entstanden ist das Wort aus der Zusammensetzung *Buck-hose*. Ursprünglich ist damit also ein Beinkleid aus Bocksleder gemeint.

Beim *Döppen* in Billerbeck (Kreis Coesfeld) im Jahr 1951.

# döppen

Erbsen wachsen in Schoten heran, man muss sie zum Kochen also „ausschoten“ oder „enthülsen“. Sagt das jemand so? Auf Plattdeutsch jedenfalls nicht, dort heißt diese Tätigkeit *döppen*. *Wie willt Iärften döppen*, lautet ein Beleg aus Wiedenbrück („Wir wollen Erbsen ausschoten“). Das Wort gehört zum Hauptwort *Dopp*, das für allerhand Schalen, Hülsen, Kappen und Deckel gebraucht wird, besonders für Eierschalen. Wenn die Eltern zu ihrem Kind *maak de Döppe tau* sagen, sind die Augenlider gemeint, die zugemacht werden sollen. Es gibt darüber hinaus noch ein zweites *döppen*, das „jemanden untertauchen“ bedeutet. Das hat mit dem ersten *döppen* allerdings nichts zu tun, sondern gehört letztlich zum Eigenschaftswort *deep* („tief“).

# Eggerkippen

Das Wort *Eggerkippen* trifft man so nur im Sauerland an. Mit *Egger* sind dort und in großen Teilen Ostwestfalens im Plattdeutschen die Eier gemeint. Im westlichen Teil Südwestfalens sagt man *Eier*, dort ist entsprechend die Wortform *Eierkippen* verbreitet. Was kann man sich darunter vorstellen? Es gibt einen weit verbreiteten Osterbrauch: Ostereier werden mit der Spitze aneinandergeschlagen. Der, dessen Ei heil bleibt, gewinnt und bekommt das zerbrochene Ei. Das Tätigkeitswort *kippen* benutzt man zwischen Soest und Iserlohn ebenso, wenn die Küken beim Schlüpfen die Eier aufpicken: *Sin dai Egger unner de Klucke all kippet?* („Sind die Eier unter der Glucke schon aufgepickt?") Das Spiel mit den Ostereiern nennt man im münsterländischen Platt *Eierticken*, außerdem sind auf Platt die Wörter *Eierkloppen*, *Eierköppen*, *Eierpicken* und *Eierstoten* verbreitet. In den regionalen Umgangssprachen Westfalens ist der Brauch vor allem unter den Bezeichnungen *Eiertitschen* und *Eierkitschen* bekannt.

# Freiseküeddel

Im westfälischen Platt wird eine leicht frierende Person oft *Freiseküeddel* genannt. Nett gemeint ist das nicht; es herrscht nun mal häufiger Uneinigkeit darüber, ob die Heizung noch weiter aufgedreht werden soll oder nicht. Das Wort ist in der Form *Frostköttel* oder ähnlich auch nicht Plattdeutsch sprechenden Menschen in Westfalen geläufig, es scheint also sehr nützlich zu sein. Bei *Freiseküeddel* handelt es sich um eine Zusammensetzung mit dem Tätigkeitswort *freisen / fresen*, was „frieren“ bedeutet, und mit dem Hauptwort *Küeddel*, womit die Kotklümpchen von Tieren gemeint sind. Dahinter steckt die Vorstellung, dass, wenn starke Empfindungen wie Kälte oder auch Angst Überhand nehmen, der Mensch die Kontrolle über seine Verdauungsorgane verliert.

# Geitlink

Fast so etwas wie ein westfälisches Kennwort ist das plattdeutsche *Geitlink*. Damit sind die Amsel und die Singdrossel gemeint. Der *Geitlink* kommt in zahlreichen Sprichwörtern und Redensarten vor: *Se singt äs ne Geitlink* beispielsweise („Sie singt sehr gut" oder „Sie ist fröhlich"). Das Wort ist im westlichen Westfalen und in den östlichen Niederlanden verbreitet, etwa von Groningen bis Altena. Im Mittelalter war das Verbreitungsgebiet noch etwas größer. Unter Sprachwissenschaftlern besteht kein Zweifel daran, dass in *Geitlink* das Wort *Geiß* steckt. Welche Verbindung die Menschen zwischen der Amsel und der Ziege gesehen haben, ist aber nicht klar. Diese Verbindung zeigt sich aber noch öfter. So heißt anders herum im Rheinland das weibliche Ziegenlamm *Merlenbütschel*, und dort ist *Merle* das Dialektwort für die Amsel (vgl. Foerste 1958, 66).

# grülick

Das Wort *grülick* wäre wörtlich mit „gräulich“ zu übersetzen, oder dem Sinn entsprechend mit „grauenerregend, unheimlich“. Im münsterländischen Platt hört man das Wort so oft, dass man sich fragen kann, ob es denn dort tatsächlich so viele furchterregende oder entsetzliche Dinge oder Ereignisse gibt. Zu den häufigen Verwendungen gehören Beispiele wie diese: *He häff 'n grülik graut Huus* (aus Dülmen), *se moss grülick lachen* (aus Warendorf). In diesen Sätzen hat *grülick* aber nichts mit dem Grauen oder Grausen zu tun, sondern dient als Verstärkung. Man könnte das Wort einfach mit „sehr“ übersetzen. In der Sprachforschung hat man das die „Emphase des Schreckens“ (Hentschel 1998) genannt. Es kommt nämlich nicht selten vor, dass Adjektive aus dem „Schreckenskabinett“ weiterentwickelt werden, um lediglich eine „effektvolle“ Verstärkung zu erzielen. Im Deutschen kennen wir dies beispielsweise bei *furchtbar* (*sie ist furchtbar nett*) oder *schrecklich* (*schrecklich gern*).

# Gudd gaohn!

*Gudd gaohn* ist ein plattdeutscher Abschiedsgruß, der im Münsterland, im südlichen Emsland und in der Soester Börde verbreitet ist. Der Abschiedsgruß ist durch eine Verkürzung entstanden. Grußformeln sind sehr häufig von Verkürzungen und Abschwächungen betroffen, denn sie sind allein dadurch, dass sie an bestimmten Stellen im Gespräch – zu Beginn und am Ende – auftreten, als solche verständlich. Die Grußformel *gudd gaohn* geht auf *laot et di gudd gaohn!* („lass es dir gut gehen!") zurück. Dies ist ein Wunsch nach Wohlergehen oder Gesundheit, der ursprünglich vermutlich besonders vor längeren Trennungen gesagt wurde. *Gudd gaohn* ist nur als erster Teil eines Grußpaares gebräuchlich, das heißt, es ist nicht üblich mit *gudd gaohn* auf *gudd gaohn* zu antworten. Die ansonsten für Grüße charakteristische „Echo-Methode" ist hier also nicht üblich. Zulässig ist nur die „Reaktivformel" *auk so*, die wiederum auf die Vollversion *ick mein't auk so* („ich meine es auch so") zurückgeht. Sie ist fest mit *gudd gaohn* verbunden; beide zusammen bilden ein stark ritualisiertes Formelpaar (vgl. auch Otterstedt 1993).

Als für das Münsterland charakteristisches Sprachmerkmal ist *gudd gaohn* auch Teil der hiesigen „sprachlichen Landschaft" geworden: Auf zahlreichen Schildern an Ortsausgängen werden die Autofahrer mit diesem plattdeutschen Gruß verabschiedet. Hier: Ortsausgang von Sendenhorst-Albersloh, Kreis Warendorf

# hassebassen

Für viele Menschen heißt es leider viel zu oft: *hassebassen* – sich abhetzen. Viele Dinge müssen erledigt werden, Ruhe und Muße bleiben oft auf der Strecke. Das plattdeutsche Wort fußt zum einen auf *hasten*, zum anderen auf *bersten*, das im Plattdeutschen nicht nur „zerspringen" oder „platzen" bedeuten kann, sondern auch „ungestüm losrennen". Aus dem Paar *hasten un basten* ist dann das Wort *hassebassen* geworden, das allerdings weniger eine Zusammensetzung ist als vielmehr eine Spielform wie *Kuddelmuddel* oder *ruckizucki*, bei denen der Gleichklang gesucht wird. Klar ist jedenfalls: *Bi't Hassebassen kümp nix harut!*

# Iserkoken

Zu Silvester und Neujahr werden in Westfalen-Lippe vielerorts *Iserkoken* gegessen. Der Teig besteht aus Mehl, Milch, Eier, Butter, Zucker und zumeist Anisaroma. Wie ist nun aber die plattdeutsche Bezeichnung *Iserkoken* zu erklären? Der dickflüssige Teig wird mit einem zangenförmigen Platteisen mit zwei langen eisernen Handgriffen zu runden Fladen geformt und braun gebacken. Im Anschluss werden die Kuchen zu Hörnchen gerollt. In *Iserkoken* steckt also das Eisen, das im westfälischen Platt noch ein *r* hat: *Iser, Äiser, Isern, Uisern* usw. Das Wort *Iserkoken* ist in Westfalen-Lippe relativ weit verbreitet für dieses Gebäck. Im Westrand zwischen Vreden und Hagen sagt man auch *Niejaohrskoken*, westlich von Münster ist auch *iserbacken* oder *iserbackde Koken* üblich. Erstaunlicherweise heißt dieses Gebäck auf Hochdeutsch nicht etwa Eisenkuchen, sondern *Eiserkuchen* (oder auch *Eiserwaffel*). Man lässt der Bezeichnung für dieses traditionelle Gebäck also eine regionale sprachliche Eigenheit durchgehen. Das im Hochdeutschen nicht anschlussfähige *Eiser-* verrätselt das Wort dadurch ein wenig.

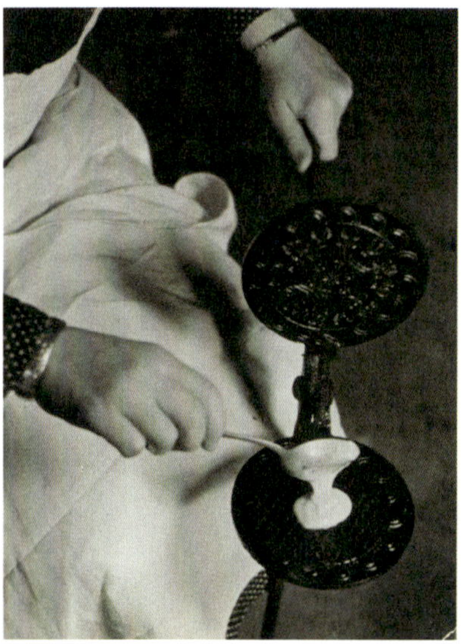

# Kaneel

Beim Backen benötigt man neben Mehl, Milch, Eiern und Zucker oft auch ein bisschen Zimt. In den niederdeutschen Mundarten Westfalens werden der gemahlene Zimt und die Zimtstange nur im Süden *Zimt, Simmet* oder ähnlich genannt, vor allem im Kreis Olpe und im Hochsauerlandkreis. In den anderen Regionen wird das Wort *Kaneel* verwendet, oft auch in den Lautvarianten *Kaneil* oder *Kneil*. Bei diesem Wort zeigen sich deutlich die Ähnlichkeiten zwischen Niederdeutsch und Niederländisch, denn auch in den Niederlanden heißt es *Kaneel*. Das Wort ist eine Entlehnung des französischen Wortes *cannelle*, das wiederum auf lateinisch *canna* zurückgeht. Lateinisch *canna* bedeutet „Rohr", damit steht *cannelle / Kaneel* also eigentlich für „Röhrchen".

# Kerl!

Dass man im Plattdeutschen auch die männliche Personenbezeichnung *Kerl* kennt, ist klar. Hier geht es aber um die plattdeutsche Interjektion (deutsch Ausrufewort) *Kerl!* Ähnlich wie *ach!, igitt!* oder *au!* kann auch *Kerl!* alleinstehend zum Ausdruck eines Gefühls verwendet werden. Bei *Kerl!* geht es um so etwas wie Verwunderung, Erstaunen oder Ärger: *Käl, Käl! Wat konn de Mensk küern!* („Kerl, Kerl! Was konnte der Mensch reden!") (Beleg aus Rheine-Altenrheine). Hier wird also niemand angesprochen, sondern das Erstaunen ausgedrückt. Diesen Weg gehen auch andere männliche Personenbezeichnungen wie *Mann, Junge* oder *Alter*. Neben der Verdoppelung kommen auch andere Verstärkungen vor wie *Kerl nomaol!* oder *Kerl nä!* Dass sich beim Ausrufewort die Verbindung zur Personenbezeichnung löst, zeigt auch die gekürzte Variante *Kä!* ohne *l* an, die man häufig hört. So bewegt sie sich in Richtung der „primären Interjektionen" *oh!, bäh!* oder *huch!,* die wir auch nicht an andere Wörter anschließen können.

# kitzken

Hier ist kein Jungtier vom Reh gemeint. *Kitzken* wird vor allem im südwestfälischen Platt häufig anstelle von *bittken* verwendet: *Diu mast en kitzken no rechts goon*, sagt man beispielsweise im Platt der Soester Börde („Du musst ein bisschen nach rechts gehen“). Auch die Form *Kitze* ohne Verkleinerungsendung wird gebraucht: *Ick bläif keine Kitze länger* („ich bleibe kein bisschen länger“). Im Rheinland ist dieses Wort ebenfalls verbreitet, zumeist in der Form *kitzchen*. Es geht zurück auf *Keid / Kied*, ein altes Wort, das nur in den Dialekten erhalten ist und „Setzling“ oder „Korn“ bedeutet. Dass in der weiteren Entwicklung aus *Kiedken* dann *Kitzken* geworden ist, verwundert nicht, denn die Lautfolge *itz* kommt in vielen Wörtern vor, die mit Kleinigkeiten zu tun haben, wie etwa *klitzeklein* oder *Fitzel*.

# Klumpen

Ein *Klumpen* ist auch im Plattdeutschen eine dicke unförmige Masse. Gebräuchlich ist das Wort aber auch in einigen übertragenen Bedeutungen. So wie im äußersten Westen des Münsterlandes, wo der Holzschuh *Klumpen* oder *Klump* genannt wird. Solche Schuhe wurden aus Pappelholz geschnitzt und früher in allen Lebenslagen getragen. Das westmünsterländische *Klumpen* schließt direkt an das niederländische *Klompen* an. Wenn man sofort merkt, dass etwas nicht stimmt, dann kann man im Westmünsterland sagen: *Dat kaas met de Klumpe föhlen* („das kann man mit dem Holzschuh fühlen")! Weiter östlich – etwa ab Ochtrup, Ahaus, Coesfeld, Reken – werden Holzschuhe auf Plattdeutsch *Holsken* genannt (vgl. Büld 1980). Diese Form ist im Laufe der Zeit aus der völlig „durchsichtigen" Zusammensetzung *Holtschohe* entstanden. Ein plattdeutscher Ausruf höchster Überraschung lautet *Nu gais toch kaputt in'n Holsken!* („Nun gehst du doch kaputt im Holzschuh!")

# kniepig

Das plattdeutsche Eigenschaftswort *kniepig* ist vor allem in Südwestfalen und im Münsterland verbreitet. Es gehört zum Tätigkeitswort *kniepen*, das grundsätzlich mit „kneifen" zu übersetzen wäre. Aber mit *kniepig* ist „geizig, knauserig" gemeint: *De Fruwwe es knuipig* („Die Frau ist übermäßig sparsam") sagt man beispielsweise in Halle-Hörste (Kreis Gütersloh). Auch die erweiterte Form *kniepperig* kommt hier und da vor. Der Ursprung dieses Wortes ist vermutlich eine übertragene Bedeutung des zugrundeliegenden Tätigkeitswortes *kniepen: An't Ääten häbbt se nich an kneppen* („Am Essen haben sie nicht gespart"). Hier bedeutet „an etwas kneifen", dass man von einer Sache immer nur ein ganz kleines Stück abtrennt und verbraucht.

# knüttern

Ist „schlechte Laune haben“ tatsächlich eine Tätigkeit? Benötigt man also ein entsprechendes Tätigkeitswort? Die Antwort lautet ja! Denn die schlechte Laune wird nun mal oft von Murren, Brummen und Nörgeln begleitet. Ein schlecht gelaunter Mensch lässt seine Umgebung häufig an seiner Befindlichkeit teilhaben. Im Plattdeutschen gibt es dafür das weit bekannte Tätigkeitswort *knüttern* oder auch *knüëttern*. Wahrscheinlich wurden ursprünglich Tierlaute damit wiedergegeben. Das Wort ist – das verwundert nicht – in zahlreichen Zusammensetzungen für „verdrießliche Person“ vertreten: *Knütterbernd, Knütterbaord, Knütterbüdel, Knütterbuck, Knütterbückse, Knütterdose, Knütterfritze, Knüttergatt, Knütterhenrick, Knütterkopp, Knütterpin, Knütterpott.*

# Köppken

Ein *Köppken* ist ein kleiner Kopf; *-ken* lautet im Niederdeutschen die Verkleinerungssilbe. Das ist aber nicht alles: ein *Köppken* ist auch eine Tasse. Man trinkt in Westfalen also *en Köppken Koffie*. Im Niederdeutschen ist in diesem Wort eine ältere Bedeutung bewahrt worden, so wie es auch im Englischen bei *cup* der Fall ist. Denn ursprünglich ist *Kopp* bzw. *Kopf* eine Bezeichnung für ein Trinkgefäß. Man muss wohl von einer Bedeutungsentwicklung wie Trinkschale > Hirnschale > Kopf ausgehen. Das ursprüngliche Wort für den Kopf, hochdeutsch *Haupt* / niederdeutsch *Hööft*, ist durch *Kopf* / *Kopp* ein Stück weit verdrängt worden. Im Englischen benutzt man nach wie vor das Wort *head* für den Kopf. – Im westlichen Münsterland weiß man, dass sich eine freundliche Atmosphäre bezahlt machen kann: *Met'n Köppken Koffie is monks mehr te verdeenen as met duusend Mark Geld.* („Mit einer Tasse Kaffee ist manchmal mehr zu verdienen als mit tausend Mark.")

# Kumpelment

Ein *Kumpelment* hat nichts mit einem Bergmann zu tun, und auch nichts mit einem alten Freund. Das Wort geht, genauso wie das hochdeutsche Wort *Kompliment*, auf französisch *compliment* zurück. Das Wort ist schon stark ans Niederdeutsche angepasst worden. Aus Milte bei Warendorf ist daneben die Variante *Kumperment* bezeugt. Auch die Bedeutung stimmt nicht mit dem hochdeutschen Kompliment überein. Nur ganz selten meint man damit „Lob, schmeichelhafte Äußerung". Meistens hat das Wort die Bedeutung „Gruß": *Ick sall jou'n Kumpelment seggen* („ich soll euch einen Gruß bestellen"), sagt man um Rheda-Wiedenbrück. Diese Bedeutung ist für unser hochdeutsches Wort *Kompliment* veraltet. Im münsterländischen und wiedenbrückischen Platt wird sie noch heute so gebraucht.

# küern

Gibt es ein Kennwort des westfälischen Platt, ein Wort, das in fast ganz Westfalen-Lippe üblich ist, aber nicht darüber hinaus? Ja, so ein Wort gibt es, bezeichnender Weise bedeutet es auch noch „sprechen“: *küern. Ick küer Platt* kann man ab und zu auf Aufklebern oder Schildern lesen. *Diu hiäst guet kuiern* sagt man unter anderem in Ampen bei Soest. Das bedeutet so viel wie „du hast gut reden, du bist nicht betroffen“. Mit dem hochdeutschen Wort *küren* („wählen, ernennen“) hat das plattdeutsche *küern* nichts zu tun. Die ältere Form *küederen* mit *d* zeigt an, dass das Wort gemeinsam mit *quatern* („schwatzen, plaudern“) wohl zu dem altdeutschen Tätigkeitswort *queden* („sagen“) gehört. Das westfälische *küern* hört man vielerorts im Alltag auch von Menschen, die kein Plattdeutsch mehr sprechen: *Dat müssen wir noch beküern!*

# Latüchte

Relativ bekannt ist das Wort *Latüchte*, womit eine Lampe gemeint ist. Allerdings wird man es wohl kaum als Suchbegriff beim Online-Shopping oder Ähnlichem benutzen, denn dieses Wort wird fast immer scherzhaft gebraucht. Auf einem Scherz beruht vermutlich auch die Entstehung dieses Wortes, denn es ist aus den beiden Wörtern *Laterne* und *Lüchte* zusammengerückt worden. Damit wissen wir auch schon, woher *Latüchte* stammt, denn *Lüchte* ist die niederdeutsche Form von *Leuchte*. In Westfalen-Lippe ist *Lüchte* mit *ü* allerdings nur in Ostwestfalen und im Hochsauerland beheimatet; westlich davon sagt man *Löchte* oder *Luchte*. Hierher kann *Latüchte* also nicht stammen. Das Wort eignet sich sehr gut für Redensarten, in denen es um Trunkenheit geht. So ist aus Dortmund belegt: *He hät sich enen op de Latüchte gegorten.* (Wörtlich: „Er hat sich einen auf die Lampe gegossen.")

# Lierendraiher

In dem plattdeutschen Wort *Lierendraiher* stecken das Wort *Liere* für die Leier oder besser die Drehorgel und das Wort *draihen*, also „drehen“. Mit Drehorgelspielern, sprich Straßenmusikanten, hatte man aber so oft nun auch wieder nicht zu tun. Dennoch kommt das Wort im Alltag recht oft vor. Es hat nämlich zwei übertragene Bedeutungen erhalten: Zum einen ist *Lierendraiher* eine der sehr vielen Bezeichnungen, die das Plattdeutsche für „arbeitsscheue Personen“ (sprich Faulpelze) im Vorrat hat. Zum anderen heißt im Raum Dortmund – Unna – Iserlohn eine Mettwurst von geringer Qualität (mit wenig Fleisch) *Lierendraiher* oder auch *Lierendraiherwuorst*. Eine *Lierendraiherwuorst* ist eine Wurst, mit der sich die Müßiggänger zufriedengeben müssen.

# Makeimer

*Makeimer* nennt man ein ständig ausschlagendes Pferd. Wenn man sagt, *he wätt met'n Makeimer för den Wagen ferrich* („er wird mit einem Makeimer vor dem Wagen fertig"), dann ist von jemandem die Rede, der mit Pferden umzugehen weiß. Das Wort *Makeimer* wird auf der zweiten Silbe betont und ist oder war im Plattdeutschen um Tecklenburg, Halle, Warendorf und Recklinghausen üblich. Es ist mit dem Wort *Macke* verwandt und stammt wie dieses aus dem Jiddischen. Aufgrund der ihnen auferlegten Berufsbeschränkungen gingen Juden im ländlichen Raum seit dem Spätmittelalter vielfach dem Pferdehandel nach. So gelangten auch zahlreiche Wörter der jüdischen Pferdehändler in den westfälisch-niederdeutschen Wortschatz. Das Wort *Makeimer* geht auf westjiddisch *makeimen* zurück, das „schlagen" und „ausschlagen (von Pferden)" bedeutet. Das Westjiddische gehört neben dem Hochdeutschen, dem Niederländischen und dem Französischen zu den bedeutendsten Kontaktsprachen des Niederdeutschen in Westfalen (vgl. Stern 2000).

# man

Ein Satz wie „Hätteste das man eher gesagt" klingt in Norddeutschland ganz normal. Aber auch nur da. Dieses *man* ist nämlich eine nur regional verbreitete Partikel. Neben *man* ist teils auch *men* gebräuchlich. Partikeln dienen dazu anzuzeigen, wie ein Satz eigentlich genau zu verstehen ist. Aus dem recht harschen Befehl „setz dich hin" wird mit „setz dich man hin" eine Art Empfehlung, ein Ratschlag, eine Erlaubnis. Dieses norddeutsche *man* kommt – natürlich – aus dem Plattdeutschen. Es geht auf die altniederdeutsche Form *newan* zurück, die „nichts außer, nur, aber" bedeutet hat (vgl. Åsdahl Holmberg 1968, Blume 1988). Im westfälischen Platt ist die Verwendung als Konjunktion „aber" ebenfalls gebräuchlich: *Eck kann di dat Geld daun, men vandage nit*. „Ich kann dir das Geld geben, aber nicht heute" (Beleg aus Dortmund-Wellinghofen).

Das Foto zeigt einen Kastenwagen vor einem Fachwerkkotten in Dortmund-Derne (ca. 1930). An der Hinterachse (*Ächterwagen*) sieht man das *Mickenick*. Zur Sicherheit hat aber jemand auch noch ein Stück Holz hinter ein Rad gelegt.

# Mickenick

Ein *Mickenick* wird heute nicht mehr benötigt. Doch zu früheren Zeiten war es ein wichtiger Teil des hölzernen Ackerwagens. Gemeint ist damit eine Bremsvorrichtung, die man besonders dann einsetzte, wenn der Wagen auf einem abschüssigen Weg abgestellt wurde. Das Wort wird häufig mit dem französischen Wort *mécanique* in Verbindung gebracht, das in den französischen Dialekten auch die Bedeutung „Bremsvorrichtung" aufweist. Es war vor allem im Plattdeutschen des märkischen Raums verbreitet, außerdem in einem westlichen Streifen bis hinunter zur Schweiz. Daneben sagte man früher auch kurz *Micke* oder wiederum lang *Hickemicke*. Die Vorrichtung bestand aus einem Bremsbalken, zwei Balkenklötzen und einer Bremskurbel, mit der man die Klötze fest an die Räder schrauben konnte (vgl. Brandes 2022, 298). Das *Mickenick* war also bereits recht ausgefuchst.

# Miegampel

Mit dem Wort *Miegampel* (sprich *Miech-Ampel*) ist keine Signalanlage zur Regelung des Straßenverkehrs gemeint, sondern die Ameise, das sozial lebende Insekt mit hoch entwickelter Brutpflege. Der zweite Bestandteil des zusammengesetzten Wortes geht auf die ältere Form *Amete* zurück. Diese Form lässt die Verwandtschaft mit hochdeutsch *Ameise* und englisch *ant* und *emmet* deutlich erkennen. In den plattdeutschen Mundarten ist *Amete* allerdings vielfältig und unter dem Einfluss verschiedener Wörter umgestaltet worden, so etwa zu *Ämmeke, Ampelte, Hampel, Haimeken* oder *Jänneken* (vgl. Schumacher 1963). Am weitesten verbreitet ist aber die *Ampel*, und zwar im Münsterland, im Ruhrgebiet und im nördlichen Sauerland. Der erste Bestandteil ist das Tätigkeitswort *miegen*, das soviel wie urinieren bedeutet und sich hier darauf bezieht, dass einige Ameisen Gift sprühen können.

# Möte

Das Wort *Möte* ist kein „frei verfügbarer" Bestandteil des Plattdeutschen mehr, es kommt nur noch in festen Wendungen vor. Diese Wendungen werden von Plattsprechern allerdings noch recht oft gebraucht: Im Münsterländischen kann man jemandem *in de Möte kuemmen.* Soll heißen: „jemandem entgegenkommen, jemandem begegnen". Im Sauerländischen heißt es *in te Meite kuemmen,* dort ist aus dem langen ö der Diphthong (Zwielaut) *ei* geworden. Das Wort *Möte* gehört zum Tätigkeitswort *möten,* das mit dem niederländischen Wort *moeten* und dem englischen Wort *meet* verwandt ist. Eine solche Übereinstimmung weist auf das hohe Alter dieses Wortes hin. Das Wort *möten* heißt also ebenfalls „begegnen", aber auch „(durch Entgegenlaufen) aufhalten, nicht durchlassen". *Mööt dat Dier!* rief der Knecht in Altenrheine, wenn ihm das Pferd durchgegangen war.

# Nachtpolter

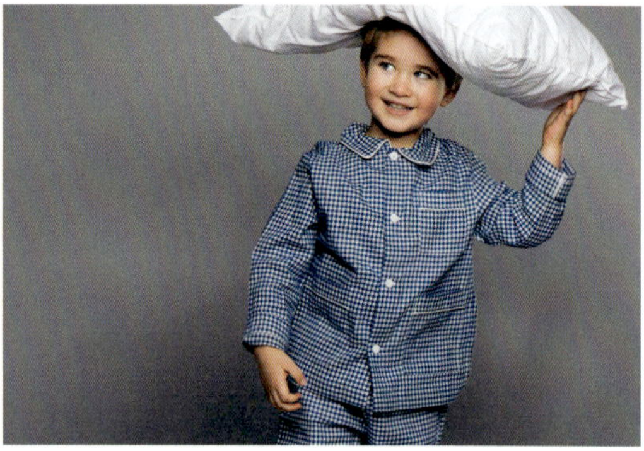

Auch wenn es danach klingen mag, das plattdeutsche Wort *Nachtpolter* bezeichnet keine nächtlichen Aktivitäten von Geistern oder Kobolden. Damit ist das Nachthemd oder der Schlafanzug gemeint. Auch die Variante *Nachtpölter* ist üblich. Bei dem Wort *Nachtpolter* handelt es sich um eine Zusammensetzung, bei der das Bestimmungswort *Nacht* das oft wohl nicht mehr verstandene *Polter* verdeutlichen soll. *Polter* oder *Pölter* ohne Nacht sind aber vielerorts auch noch im Gebrauch als Bezeichnungen für das Nachthemd oder den Schlafanzug, besonders den Kinderschlafanzug. Die Herkunft des Wortes ist nicht sicher geklärt, vielleicht kommt es aus dem französischen *paletot* „Obergewand". Das Wort *Pölter* wird auch in hochdeutschen Umgangssprachen in Westfalen-Lippe verwendet, es wurde also aus dem Plattdeutschen in das regionale Hochdeutsch entlehnt. Daher sind auch Bezeichnungen für Schlaftextilien aus bestimmten Stoffen üblich, wie etwa *Seidenpölter* oder *Frotteepölter*. In Ostwestfalen-Lippe bekommen die Kinder abends zu hören: *Rin innen Pölter und ab in die Falle, getz wird geratzt!*

# öwen

D*ou wis mei wuohl öuben!* heißt es in einem Sprachbeleg aus Möllbergen, einem Ortsteil von Porta Westfalica im Kreis Minden-Lübbecke. Das Wort *öuben* oder *öwen* entspricht lautlich dem hochdeutschen *üben*, das ja „etwas durch häufiges Wiederholen als Fertigkeit zu erlangen suchen“ bedeutet. Aber „Du willst mich wohl üben!“ ergibt keinen Sinn, das Wort muss hier etwas anderes bedeuten. Das tut es in der Tat: *öwen* benutzt man in den westfälischen Mundarten vorrangig in den Bedeutungen „zum Besten haben, hereinlegen“ und „sich über jemanden lustig machen, verspotten“. *Laot di nich öwen!* sagt man in Stadtlohn im Kreis Borken. Das wiederholte Einüben einer Sache wurde offenbar als sehr quälend empfunden, sodass es zu dieser kreativen Übertragung kam.

Hier lebt man *pännkenfett*: Festbuffet im Jahr 1955 im Hotel Friedrich Buschkühle in Hamm.

# pännkenfett

In der Weihnachtszeit lassen es sich die meisten Menschen hierzulande gut gehen, besonders in Sachen Essen und Trinken. Nicht selten kommt daher das ein oder andere Pfund auf der Waage dazu. Auf Platt würde man sagen: *Se liäwet pännkenfett.* Das heißt: „Sie leben üppig." Das Wort *pännkenfett* ist im südwestfälischen und münsterländischen Platt bekannt. Die wörtliche Übersetzung lautet „pfännchenfett". Auffällig ist, dass hier von *Panne* die Verkleinerungsform gewählt wurde, denn eigentlich geht es ja um eine Verstärkung oder Vergrößerung des Eigenschaftswortes *fett*. In Zusammensetzungen wie *bildschön, knochentrocken* oder *himmelweit* verwenden wir ja auch keine Verkleinerungsform. Aber mit der Form *Pännken* wird eine wertschätzende Haltung ins Spiel gebracht: üppig zu essen ist schon eine schöne Sache. Im Hochdeutschen gibt es keine verstärkenden Zusammensetzungen von *fett*.

# Paoskefüer

In Westfalen-Lippe ist der Brauch sehr verbreitet, zu Ostern ein Osterfeuer zu entzünden. Auf Plattdeutsch heißt das Osterfeuer vor allem in Südwestfalen und im Münsterland *Paoskefüer.* In dieser Zusammensetzung hat sich ein Wort erhalten, das alleinstehend schon vielfach verschwunden ist, nämlich *Paosken* für „Ostern". In Ense-Lüttringen im Kreis Soest sagt man beispielsweise: *Eaustern sticket wui dat Pooschfuier an.* („Ostern zünden wir ein Osterfeuer an.") Das plattdeutsche Wort *Paosken* ist aus dem Lateinischen entlehnt worden, das lateinische Wort *pascha* wiederum geht auf das hebräische *pésach* zurück. Im Judentum erinnert das Pessach-Fest an den Auszug aus Ägypten. Es gilt als Vorläufer des christlichen Osterfestes. Dass es in Westfalen, im Emsland, im Rheinland und in den Niederlanden *Paosken* bzw. *Pasen* heißt und nicht *Ostern,* liegt zum einen an der sprachprägenden Wirkung von Handelsstraßen, zum anderen an der räumlichen Ausdehnung der Kölner Kirchenprovinz, in der dieses Wort für das Osterfest bevorzugt wurde.

# Piärdemörder

Das plattdeutsche Wort *Piärdemörder* ist auf den ersten Blick ganz und gar durchsichtig: Es wird sicher mit „Pferdemörder" zu übersetzen sein. Tatsächlich ist mit diesem Wort aber kein grausamer Mensch gemeint, sondern ein Käfer. Das Wort wird zur Bezeichnung von verschiedenen großen, schwarzen Käfern verwendet. Zu den größten Käfern hierzulande zählen der Mistkäfer und der Hirschkäfer. Vor allem beim Hirschkäfer-Männchen fallen die großen Mandibeln auf, die wie ein Geweih aussehen und mit denen der Käfer kräftig zupacken kann – dies kann für einen Menschen durchaus schmerzhaft sein. Die Bezeichnung *Piärdemörder* wird vor allem im südwestfälischen Platt (südlich der Lippe) verwendet. In Ostwestfalen-Lippe ist man etwas weniger dramatisch: Dort heißen große, schwarze Käfer wie der Hirschkäfer auf Platt *Piärdeknuiper* („Pferdekneifer") oder *Piärdestiäker* („Pferdestecher").

# Pielepogge

Das schöne Wort *Pielepogge* wird im Plattdeutschen etwa zwischen Warendorf, Gütersloh, Herford und Stemmwede für die Kaulquappe verwendet, also für die Zwischenform in der Entwicklung vom Ei zum Frosch. Verbreitet sind auch Lautvarianten wie *Pielpoch, Puipoggen, Pillerpobben* usw. Der zweite Bestandteil dieses Wortes ist *Pogge,* also der Frosch – die Verkleinerungsform *Pöggsken* ist ja durch das Gedicht des Mundartschriftstellers Augustin Wibbelt (1862–1947) sehr bekannt geworden. Der erste Bestandteil ist *piele,* das ist ein Lockruf für Enten und Gänse. Zumeist sagt man mehrfach *piele piele piele!* Dieser Lockruf wurde in kosenden Wortbildungen wie *Pielant* (Ente) oder *Pielegaus* (Gans) verwendet, die in erster Linie der Kindersprache angehören. Auch wenn Kaulquappen nicht mit *piele* angelockt werden, ist dieses Muster dann auf die Froschlarven übertragen worden.

Kleines Glossar plattdeutscher Lockrufe für Tiere:
für Enten und Gänse: *gack, niep, piele*
für Fohlen: *hiss*
für Hühner, besonders Küken: *kluck, putt, tick, tuck*
für Katzen: *mies, munz*
für Rinder, besonders Kälber: *kiss, nüss*
für Schafe und Ziegen: *zuck*
für Schweine, besonders Ferkel: *kipp, mutt, püss*

# Piggenbruut

Das plattdeutsche Wort *Piggenbruut* ist eine Zusammensetzung aus dem Grundwort *Bruut,* was „Braut" bedeutet, und dem Bestimmungswort *Pigge,* womit ein hölzerner Nagel oder Stift gemeint ist. Wie passt das zusammen? Eine *Piggenbruut* war ein Mädchen, das einen Bauernhof erbte. Das kam nur vor, wenn es keinen oder keinen geeigneten Sohn auf einem Hof gab. So ein Mädchen war daher bei den heiratswilligen Männern zumeist sehr begehrt. Durch die Ehelichung einer solchen Frau konnte ein Mann an einen Bauernhof kommen. Vermutlich steht die beim Bau oft verwendete *Pigge* hier für den Hof, den die Braut mit in die Ehe nimmt *(pars pro toto).* In Rheine-Katenhorn sagt man auf Platt: *Nao de Piggenbrut laupt de Jungs ut 7 Kiäspels.* Auf Hochdeutsch: „Der Piggenbruut laufen die Jungen aus sieben Kirchspielen hinterher."

# Pinnschwiärken

Wenn man gedacht hätte, das Plattdeutsche hätte auf dem Gebiet der Dermatologie nichts im Angebot, hätte man sich getäuscht. Denn es gibt zum Beispiel das schöne Wort *Pinnschwiärken.* Schon die Verkleinerungssilbe *-ken* zeigt aber an, dass wir es hier mit keiner allzu besorgniserregenden Hautkrankheit zu tun haben. Gemeint ist damit ein kleiner Abszess. In dieser Zusammensetzung steckt der *Pinn,* eigentlich ein Holznagel oder Holzstift, der hier für die eitrige Erhebung in der Haut steht. Das Tätigkeitswort *schwären* gibt es auch in der Hochsprache, es bedeutet „entzünden", auch das Wort *Geschwür* gehört hierher.

# Poggenstohl

*Poggenstohl* bedeutet wörtlich übersetzt „Froschstuhl“. Gemeint ist damit aber ein Pilz – „als ob sich der frosch seiner als sitzes bediente“, heißt es dazu im Deutschen Wörterbuch der Brüder Grimm. Diesen einfallsreichen „Spitznamen“ verwendet man im Münsterland, im Emsland, in Ostfriesland und in Mecklenburg-Vorpommern. In den deutschen Mundarten kommen zahlreiche phantasievolle Bezeichnungen für den Pilz vor, wie etwa *Hexenbutter, Teufelskappe* oder *Krötendächle.* In Ostwestfalen, wo der Frosch auf Plattdeutsch *Höpper* heißt, sagt man entsprechend *Höpperstaul.* Aber nicht nur Frösche nehmen auf Pilzen Platz, auch den Kröten traut man dies zu; entsprechende Bezeichnungen sind *Peddenstohl* und *Huckenstaul* (in Südwestfalen), außerdem in den Niederlanden *paddenstoel* und in England *toadstool* (so heißt vor allem der Giftpilz).

Eine Pogge auf ihrem Poggenstohl.

# pöhlen

Im Jahr 2012 wurde das Wort *Pöhler* deutschlandweit bekannt, als nämlich Jürgen Klopp, damals Trainer des BVB, regelmäßig eine Kappe mit dieser Aufschrift trug. *Pöhler* gehört zum Tätigkeitswort *pöhlen* oder auch *päöhlen,* das aus dem Plattdeutschen stammt. Das Wort *päöhlen* ist im Ruhrgebiet üblich für das Fußballspielen außerhalb eines Vereins. Überregional ist ansonsten zumeist von *bolzen* die Rede. *Päöhlen* gehört zum Hauptwort *Paohl,* der plattdeutschen Entsprechung von *Pfahl.* Im Plattdeutschen konnte *päöhlen* zunächst „einen Pfahl einrammen“ oder „Weidevieh an einen Pfahl binden“ bedeuten. Davon ausgehend entwickelten sich auch einige übertragene Bedeutungen, wie „mit Wucht schlagen, werfen oder treten“. Das erklärt, warum *pöhlen* eine Bezeichnung für „Fußball spielen“ werden konnte.

# Pütt

*Pütt* ist ein Beispiel für ein Wanderwort. In Nordrhein-Westfalen ist dieses Wort sehr bekannt in der Bedeutung „Grube, Zeche, Bergwerk". In die Sprache des Bergbaus ist das Wort aus dem regionalen Niederdeutsch gelangt. Im westfälischen Platt wird *Pütt* vor allem in der Bedeutung „gemauerter Brunnen" verwendet, woraus sich dann die Bedeutung „Bergwerk" entwickelt hat. *Man deckt de Pütt nich eher to, bes 't Kind drin fallen is,* weiß man beispielsweise in Werl-Holtum im Kreis Soest. Den aus Stein gemauerten Brunnenschacht haben die Germanen von den romanischen Völkern kennen gelernt. Das Wort *Pütt* geht zurück auf lateinisch *puteus* „Grube, Brunnen". Das Wort ist in den ersten nachchristlichen Jahrhunderten aus Gallien zunächst in den linksrheinischen Gebieten um Köln und Trier übernommen worden. Von dort ging es weiter zum Niederrhein, wo nicht nur Franken, sondern auch Angelsachsen das Wort kennengelernt haben. Letztere haben es mit nach Großbritannien genommen; im heutigen Englisch heißt es *pit* „Grube, Zeche". Schließlich hat es sich weiter nach Westfalen, ins Emsland und nach Ostfriesland ausgebreitet, bis etwa zu einer Linie Warstein – Lippstadt – Quakenbrück – Wilhelmshaven. Östlich davon heißt der künstlich angelegte Brunnen *Soot* oder *Born*. Das hochdeutsche Wort *Pfütze* geht ebenfalls auf lateinisch *puteus* zurück. Es ist aber auf einer ganz anderen Route nach Germanien gelangt. Hier war vor allem der Donauraum um Regensburg Entlehnungszentrum. Von dort breitete es sich weiter nach Norden aus. In diesem Entlehnungsstrang haben sich das weibliche Genus und die Bedeutung „Wasserlache" durchgesetzt (vgl. Foerste 1958, 16).

# Saoterdach

Im westfälischen Platt heißt der letzte Tag der Woche *Saoterdach* oder auch *Saotersdach.* Die Verwandtschaft mit englisch *saturday* und niederländisch *zaterdag* ist offensichtlich. Dieses Wort stammt aus dem Romanischen. Grundlage ist die altrömische Bezeichnung *Saturni dies.* Der Samstag war dort also der „Saturntag". Da es für den Gott Saturn offenbar keine entsprechende germanische Göttergestalt gab, ist eine halb übersetzte Form üblich geworden. Von Gallien aus ist dieses Wort ins Rheinland gekommen. Im Rahmen der Missionierung des Nordens vom Erzbistum Köln aus hat sich *Saoterdach* weiter nach Norden ausgebreitet. Es ist im Westen des niederdeutschen Sprachraums üblich, etwa bis zu einer Linie Paderborn – Diepholz – Wilhelmshaven. Der Raum, in dem *Saoterdach* gilt, ist also in etwa der Einflussbereich des Erzbistums Köln im Mittelalter. Bezeichnenderweise verwendet man im niederdeutschen Raum östlich dieser Linie – also in dem Gebiet, das nicht zur Kölner Kirchenprovinz gehört – *Sünnawend.* Vergleicht man die neuzeitliche Dialektkarte mit schriftlichen Zeugnissen aus dem Mittelalter, zeigt sich, dass das Wort *Saoterdach* in neuerer Zeit nach Westen zurückgedrängt worden ist, zugunsten von *Sünnawend* und *Samsdach* (vgl. Foerste 1958, 19).

# Scheesken

*Scheesken förn!* Wenn ein Kind mit großer Begeisterung diesen Wunsch äußerte, konnten die Eltern kaum nein sagen. Gemeint ist damit im münsterländischen Platt das Karussellfahren. Das Wort *Scheesken* bezieht sich dabei eigentlich auf die Schiffchen oder Wagen auf dem Karussell. *Scheesken* ist nämlich die Verkleinerungsform von *Schese,* das „kleine Pferdekutsche" bedeutet. Das Wort ist, auch in der Form *Schäse,* in vielen Mundarten im westlichen Teil Deutschlands für dieses Fahrzeug gebräuchlich. Es ist eine Entlehnung aus dem Französischen. Dort heißt *chaise* heute allerdings „Stuhl"; die Bedeutung „Kutsche" ist inzwischen nicht mehr üblich. Im westmünsterländischen Platt nennt man ein klappriges Gefährt, auch ein Fahrrad, *Siepelschese.* Hier muss die „Zwiebel" für die Gebrechlichkeit herhalten.

# Schleif

Das Wort *Schleif* ist – auch über Westfalen-Lippe hinaus – das niederdeutsche Wort für die Suppenkelle oder einen großen Kochlöffel. Lautliche Varianten sind etwa *Sleef* oder *Schläif.* Der *Schleif* steht auch sinnbildlich für das Regiment in der Küche, denn mit ihm wird das Essen zugeteilt: *Sai hiät 'n Slaiw in de Hant behollen* („sie hat den Kochlöffel in der Hand behalten") sagte man zum Beispiel in Unna-Afferde. Weit verbreitet sind auch übertragene Bedeutungen, die mit dem langen Stiel der Suppenkelle zu tun haben: Als *Schleife* werden oft auch hoch aufgeschossene Jungen bezeichnet. Daraus entwickelte sich vermutlich der Gebrauch als Schimpfwort in der Bedeutung „grober, ungehobelter Kerl" oder auch „ungezogener, flegelhafter Junge".

# schliepstiärtschk

Mit *schliepstiärtschk* kommen wir in einen Bereich, der denjenigen, die nicht Plattdeutsch sprechen können, vermutlich vollkommen fremd vorkommt. Dies liegt zum einen an der besonderen Bildlichkeit: Das Wort bedeutet so etwas wie „kleinlaut, verlegen, beschämt". Ausgedrückt wird dies mit dem Bild des schleifenden Schwanzes. Das Tätigkeitswort *schliepen* bedeutet „schleifen", und *Stiärt* ist der „Schwanz". Dementsprechend wird zumeist das kleinlaute Abziehen als *schliepstiärtschk* charakterisiert: *He trock schliepstiärtschk af.* Wer dies häufiger macht, wird im westmünsterländischen Platt *Schliepstätter* genannt, Duckmäuser sagt man dazu auf Hochdeutsch. Zum anderen ist die Bauweise des Wortes bemerkenswert: Im Hochdeutschen gibt es kein entsprechendes Eigenschaftswort, es müsste „schleifschwänzisch" heißen!

# schlindern

Wenn man ohne Schlittschuhe, aber mit Anlauf auf dem Eis gleitet, nennt man das *hetscheln* (in Franken), *schindern* (im Erzgebirge und in der Lausitz), *glennen* (in Thüringen und in der Pfalz), *schleimern* (im Saarland) oder *glitschen* (in Schleswig-Holstein und großen Teilen Niedersachsens) – um nur einige Beispiele zu nennen. Man sieht, dass die Alltagssprachen für diesen Winterspaß zahlreiche regionale Bezeichnungen zu bieten haben. In Westfalen-Lippe sowie im Emsland sagt man *schlindern.* Und das macht man am besten auf einer *Schlinderbahn,* also auf einer fürs Schlindern präparierten Eisstrecke. Das Wort stammt aus dem Plattdeutschen, wo es *schlinnern* heißt. Es ist mit *schlendern* („gemächlich gehen") verwandt. In vielen Teilen von Westfalen-Lippe sind die Lautvarianten *schlunnern* und *schlünnern* verbreitet: *Mein Vaar hät us vertallt, dat in seiner Jugend Blagen met barwesten Fäuten* („barfuß") *schlündert harren,* heißt es in einem Beleg des Westfälischen Wörterbuchs aus Brilon-Rixen im Hochsauerlandkreis.

# schüllköppen

Beim plattdeutschen Tätigkeitswort *schüllköppen* scheint etwas schief gelaufen zu sein: Es bedeutet „mit dem Kopf schütteln", ist aber genau anders herum aufgebaut als das hochdeutsche „Kopfschütteln". Wörtlich übersetzt würde es „schüttelköpfen" heißen. Diese Bildungsweise ist im Plattdeutschen sowie im Niederländischen aber tatsächlich sehr verbreitet, weitere Beispiele sind *knippögen* („blinzeln"), *spitzmülen* („den Mund spitzen") oder *pielhacken* („unbeholfen gehen"). Die eigentliche Tätigkeit wird durch den ersten Wortteil ausgedrückt, der zweite Bestandteil bezieht sich auf den Körperteil, der bewegt wird. Hier liegt ein Wortbildungsmuster vor, das durch große Anschaulichkeit punktet (vgl. auch Åsdahl Holmberg 1973). Oft geht es dabei um eine Bewertung der Tätigkeit, beim *Schüllköppen* beispielsweise darum, dass man mit dem Kopfschütteln nicht immer einverstanden ist.

# Sissemännken

An Silvester werden jedes Jahr große Mengen an Knallkörpern angezündet. Die Produktpalette reicht von furchteinflößenden Kanonenschlägen bis zu ganz kleinen Knallern, die oft in Ketten verbunden sind. Diese kleinen Böller heißen auf Platt *Sissemännkes,* was wörtlich übersetzt „Zischemännchen" bedeutet, denn sie zischen doch eher, als dass sie knallen. Mancherorts sagt man auch *Siesemännken* mit langem *ie.*

Die kleinen Böller zischen sehr schnell weg, daher heißt es *et gönk äs en Sissemännken,* wenn eine Sache vorzüglich geklappt hat. Andererseits ist kaum vorhersehbar, in welche Richtung sie wegzischen, daher sagt man auch *he lügg äs en Sissemännken,* wenn jemand hemmungslos lügt.

# Spargitzen

Das plattdeutsche Wort *Spargitzen* gibt es nur in der Mehrzahl. (Im Lateinunterricht lernt man, dass ein solches Nomen „Plurale tantum“ heißt.) Mit *Spargitzen* sind harmlose und lustige Späße gemeint, Scherze, Streiche, Dummheiten, also Dinge, die zumeist nicht einzeln vorkommen, sondern eher gehäuft. In Arnsberg-Hüsten im Sauerland sagt man laut dem Westfälischen Wörterbuch beispielsweise: *Hei hat allerhand Sprigitzen im Kopp. Spargitzen – Sprigitzen?* Dass die Form stark variiert, ist für ein Wort, das „Späße“ bedeutet, nicht überraschend. Mit solchen Wörtern wird besonders gerne „gespielt“. Insofern muss man, wenn man sich fragt, woher das Wort kommt, auch deutlich anderslautende Formen mitberücksichtigen. Im Rheinland und darüber hinaus spricht man von *Spargimenten.* Unser Wort *Spargitzen* ist eine so genannte Spielform von *Spargimenten.* Dieses Wort lässt sich ohne Weiteres auf italienisches *spargimento* zurückführen, was so etwas wie „Ausgestreutes“ oder auch „Streuung“ bedeutet *(spargimento di polline* ist der Pollenflug, *spargimento di sangue* bedeutet Blutvergießen). Ausgestreut werden in unserem Fall Dinge, die die Ernsthaftigkeit links liegenlassen.

# Spökenkieker

Das Wort *Spökenkieker* ist eine Bezeichnung für jemanden, der das „Zweite Gesicht" hat, also Zukünftiges sieht. Es ist bzw. war im gesamten Nordwesten Deutschlands verbreitet. In Westfalen kommt es vor allem im Münsterland, im märkischen Sauerland, im Raum Tecklenburg-Osnabrück und im Ravensberger Land vor. Die Bezeichnung stellt eine Wortbildung mit dem niederdeutschen Wort *Spook* dar – die standardsprachliche Entsprechung *Spuk* stammt aus dem Niederdeutschen und ist nur teilweise verhochdeutscht. In den Archivbelegen des Westfälischen Wörterbuchs aus dem Anfang des 20. Jahrhunderts wird oft vermerkt, dass das Wort kaum noch gebräuchlich oder bekannt sei. Aus Assinghausen bei Brilon wird z. B. gemeldet: „*Spökenkieker* (bei alten Leuten)". In anderen Antworten wird ausgeführt, dass die Bezeichnung *Spökenkieker* zwar bekannt sei, nicht aber dem örtlichen Dialekt angehöre. So heißt es aus Gellershagen bei Bielefeld: „Von ‚*Speukenke-iker*' weiß man nichts, das ‚liest' man wohl." Solche Bemerkungen zeigen, dass die Kenntnis dieser Erscheinung bzw. der Glaube daran in der Zeit vor dem Zweiten Weltkrieg generell abgenommen hat. Ebenfalls wird deutlich, dass in den 1930er Jahren im heimatkundlichen bzw. volkskulturellen Schrifttum der Spökenkieker als westfälisches Stereotyp und als Teil der regionalen Folklore aufgebaut wird, sodass diese Kenntnis auch außerhalb des Verbreitungsgebietes dieses „Aberglaubens" zumindest zeitweilig zunimmt. Mit dem Rückgang des Glaubens an hellseherische Fähigkeiten wandelt sich teilweise die Bedeutung des Wortes *Spökenkieker*. So kommt es vor, dass nicht mehr einer, der das „Zweite Gesicht" hat, als *Spökenkieker* bezeichnet wird, sondern einer, der überall Gespenster sieht. Dies ist also eine Bedeutungsverschlechterung. Von da-

Holzschnitt „De Spökenkieker" von Heinrich Evertz aus dem Jahr 1926.

her erklären sich auch Bedeutungen wie „Angsthase; Pessimist; Spinner": *Du biss jä de reinste Speukenkäiker* (Paderborn-Dahl), „du bist ja der reinste Pessimist" (weiter hierzu: Grober-Glück 1959; Simon 2003).

# Sticke

Selfiestick, USB-Stick, Mozzarella-Stick, Surf-Stick, Schlagzeugstick – diesen Wörtern ist das aus dem Englischen entlehnte Grundwort *stick* gemeinsam, das „Stock, Stab, Stange“ bedeutet. Das Wort hätte allerdings gar nicht unbedingt aus dem Englischen entlehnt zu werden brauchen, denn im Niederdeutschen gibt es den oder die *Sticke* bereits. Aus der Grundbedeutung „dünner Stock, Stab“ ist hier die Bedeutung „Streichholz“ entstanden, die nun vorherrscht: *Doh mi äs ne Sticke, ick will mi de Pipe anstiäcken,* sagt man etwa in Altenrheine im Kreis Steinfurt („gib mir mal ein Streichholz, ich will mir eine Pfeife anstecken“). Nach Sticken fragen in Westfalen-Lippe auch Menschen, die weiter nichts mit dem Plattdeutschen zu tun haben, es ist auch in den Regiolekten üblich geworden. Im Westmünsterland werden übrigens Sticken an Stelle von Haaren gespalten: Dort nennt man eine kleinliche, rechthaberische Person *Stickenklööwer.*

# Störtförtsüll

Dass es sich bei *Störtförtsüll* um ein plattdeutsches Wort handelt, wird der eine oder andere möglicherweise zunächst bezweifeln. Im Platt der Soester Börde ist es allerdings tatsächlich üblich. Das Wort *Störtförtsüll* ist aus einer Zusammenrückung eines ganzen Satzes entstanden. Solche Wörter werden Satznamen genannt. Im Hochdeutschen kennen wir etwa den Springinsfeld oder den Störenfried. In den Mundarten kommen Satznamen recht häufig vor. *Störtförtsüll* könnte man auch *Stört-för't-Süll* schreiben. Die wörtliche Übersetzung lautet: „Stürz über die Schwelle". Damit ist eine Person gemeint, die über ihre eigenen Beine fällt, sich also überaus ungeschickt und unbeholfen anstellt – *Störtförtsüll* ist demnach ein Schimpfwort.

# Teihn-Ührken

Mit nur einem Frühstück kommen die wenigsten aus. Erst recht wenn man schon früh am Morgen auf dem Feld zu arbeiten hatte, war ein zweites Frühstück angebracht. Diese Mahlzeit heißt im Westteil Westfalens auf Platt *Teihn-Ührken.* Das ist also – wörtlich übersetzt – das „Zehn-Ührchen". Andere Bezeichnungen für diese Mahlzeit sind *Teihn-Uhr-Bueter, Teihn-Uhr-Iäten* oder *Teihn-Uhr-Koffie.* Am verbreitetsten ist aber die Bezeichnung *Teihn-Ührken,* bei der durch die Verkleinerungsform auch die besondere Wertschätzung zum Ausdruck kommt. Zum *Teihn-Ührken* gab es meist belegte Brote und Kaffee. Hier und da wurde das *Teihn-Ührken* durchaus bereits um 9 Uhr gereicht!

Bei der Kartoffelernte in Schmallenberg (Hochsauerlandkreis) im Jahr 1926 hatte man sich das *Teihn-Ührken* verdient.

# Tremse

Was verbinden Sie mit dem Sommer? Ein leckeres Eis, den Geruch von Sonnencreme, lange Abende im Freien oder vielleicht Kornblumen? Aus der Sicht von Landwirten handelt es sich bei der Kornblume um ein Getreideunkraut, aus der Sicht von Kindern allerdings nicht. Sie pflücken und spielen sehr gerne mit dieser schönen Sommerblume. Im westfälischen Platt heißt die Kornblume *Triëmse* oder *Triëms*. Die Herkunft dieses Wortes ist nicht klar. Vielleicht hängt es mit dem ausgestorbenen Wort *tremen* zusammen, das „schwanken" bedeutet. Das Wort war einstmals fast im ganzen niederdeutschen Raum verbreitet. Im Laufe der Zeit ist es allerdings stark von den „durchsichtigeren" Wörtern *Kornblome* und *Roggenblome* zurückgedrängt worden, sodass wir es nun nur noch im äußersten Westen finden, etwa in einem Gebiet zwischen Oldenburg, der Weser und der Lippe (vgl. Foerste 1958, 88). Andererseits war das Wort in der Form *Tremse* oder *Trems* in Norddeutschland lange auch in hochdeutschen Zusammenhängen üblich. So ist in einem Gedicht von Johann Heinrich Voß aus dem Jahr 1774 zu lesen: „Im blauen Tremsenkranz juchheyn, Zu Weidenflöten und Schalmeyn, Die Kinder, rund und roth."

# Trufel

Ein Maurer in Münster-Nienberge (1953) mit seiner *Trufel*.

Mit *Trufel* oder auch *Drufel* ist die Maurerkelle gemeint. Aus Altenrheine im Kreis Steinfurt stammt der Satz: *Wat 'n richtigen Mürker is, de mott hewwen: ne Pipe met Tabak, 'n Füersteen met Tunder un 'n Druffel.* („Zu einem richtigen Maurer gehören: eine Pfeife mit Tabak, ein Feuerstein mit Zunder und eine Kelle.") Wie viele andere ist dieses Wort über die Route Gallien – Kölner Raum – Niederrhein nach Westfalen, ins Emsland, nach Ostfriesland sowie ins westoldenburgische Gebiet gekommen, auch dieses Wort zeigt die charakteristische Ostgrenze dieser Gruppe von Wanderwörtern. Das niederdeutsche Wort *Trufel* geht zurück auf das spätlateinische Wort *truella,* das wiederum eine Ableitung von lateinischem *trulla* „Schöpfkelle" darstellt. Noch im Altfranzösischen entwickelte sich die spezielle Bedeutung „Maurerkelle". Das Wort ist dann gemeinsam mit der neuen Kulturtechnik – Mauerwerk aus Mörtel-Stein-Verbund – in die germanischen Sprachen entlehnt worden. Dort wurde es durch Einschub des Gleitlauts *w,* das sich dann zu *f* entwickelte, lautlich angepasst (vgl. Foerste 1958, 23).

# tuttmemm

Nein, *tuttmemm* ist nicht der Name eines altägyptischen Königs, auch wenn man das zunächst annehmen mag. Dieses Wort wurde im westfälischen Platt zwischen Recklinghausen und Iserlohn verwendet, und zwar in Sätzen wie *Dat is mi tuttmemm!* Das heißt so viel wie „Das ist mir egal. Das ist mir gleich." Das Wort geht zurück auf die französische Wendung *tout de même,* die zwar heute „trotzdem, dennoch" bedeutet, ursprünglich aber „ganz gleich" bedeutete. Das Wort *tuttmemm* wird daher auf der zweiten Silbe betont. Bisweilen wird es an die ebenfalls aus dem Französischen stammende Endung *-ment* angelehnt. Dann heißt es etwa *Dat blitt sick alles tuttement* („Das bleibt sich alles gleich.") Ebenfalls belegt ist eine verlängerte Fassung, beispielsweise in Bochum-Linden: *Dat es mi tuttmemschose!* Hier hat das französische *la même chose* („die gleiche Sache") Pate gestanden. Man sieht also, dass die Menschen große Freude daran hatten, sich aus dem Französischen zu bedienen und die Wörter augenzwinkernd weiterzuentwickeln.

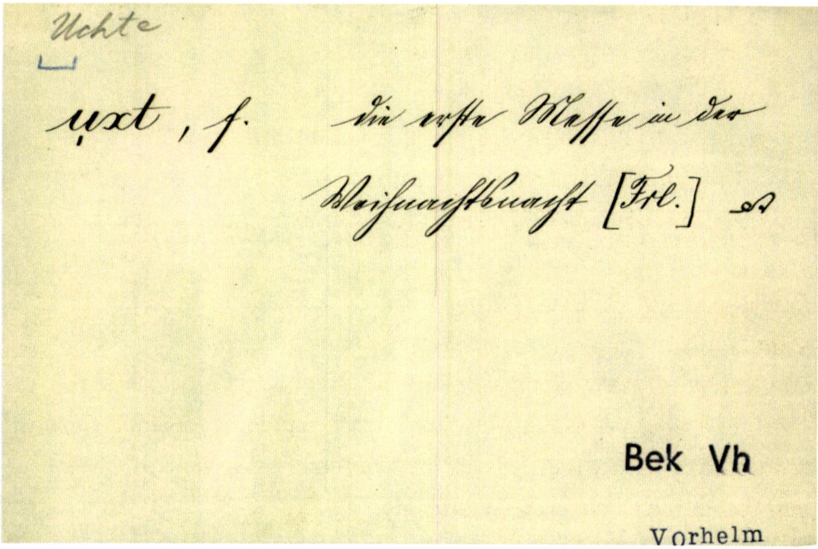


Beleg für *Uchte* aus dem Archiv des Westfälischen Wörterbuchs. Das Wort ist in Lautschrift notiert. Der Beleg stammt aus Ahlen-Vorhelm im Kreis Warendorf, genauer gesagt von Johanna Wibbelt, Schwester des Mundartschriftstellers Augustin Wibbelt. Darauf deutet die Angabe „[Frl.]" = „Fräulein" hin, die der Verfasser des Zettels, der Sprachwissenschaftler Erich Nörrenberg, notiert hat.

# Uchte

Das schöne Wort *Uchte* ist schon in den ältesten Schriftzeugnissen des Deutschen belegt (im Altniederdeutschen als *uhta*). Es hat sich aber nur in den westlichen Mundarten der Schweiz und Norddeutschlands bis heute erhalten. Das Wort bedeutet „Morgendämmerung". Wenn man *inn'e Uchte mäggen* („mähen") muss (Beleg aus Steinheim-Sandebeck, Kreis Höxter), muss man sehr früh aufstehen. Im Wörterbuch der Brüder Grimm wird das Wort etymologisch zu *Nacht* gestellt. Ausgehend von der Ursprungsbedeutung haben sich einige übertragene Verwendungsweisen herausgebildet. In Westfalen ist die Bedeutung „Frühhochamt an hohen Feiertagen, Mitternachtsmesse an Weihnachten oder Ostern" sehr verbreitet.

Titelseite des Buches „In den Uhlenflucht. Plattdeutsche Schwänke und Märchen aus Westfalen" (1939) von Gottfried Henßen mit einem Holzschnitt von Waldemar Mallek.

# Uhlenflucht

Das Wort *Uhlenflucht* steht häufig für etwas Schauriges. Unter dieser Überschrift werden in verschiedenen Textsammlungen westfälische Schauergeschichten versammelt. In dem zusammengesetzten Wort stecken zum einen die *Uhle* („Eule“) und zum anderen eine Ableitung von *flegen* („fliegen“). In weiten Teilen Norddeutschlands ist dieses Wort in der Bedeutung „Eulenloch“ bekannt: In alten Bauernhäusern diente eine Giebelöffnung unter anderem dem Einfliegen von Eulen, die als Mäusefänger gern gesehen waren. Diese Bedeutung ist in Westfalen-Lippe allerdings nicht sehr verbreitet, hier bedeutet das Wort etwas anderes. Hier ist mit *Uhlenflucht* die Dämmerung gemeint, vor allem die Abenddämmerung. Das Wort bezieht sich also auf die Zeit, zu der die Eulen ausfliegen. In einem Beleg aus Altenrheine (Kreis Steinfurt) aus dem Westfälischen Wörterbuch heißt es: *In de Uhlenflucht kuemmt auk de Fleermüse to't Voörschin.* („In der Abenddämmerung kommen auch die Fledermäuse zum Vorschein.“)

# unbesuust

In nur wenigen Orten im Westmünsterland, genauer gesagt in Gescher, Stadtlohn, Südlohn, Vreden und Wessum, kennt man das Wort *unbesuust.* Man sagt dort beispielsweise so etwas wie *dat Huus is unbesuust moi.* Das Wort lädt dazu ein, auseinandergenommen zu werden: *un-be-suust.* Das führt in diesem Fall allerdings keinen Schritt weiter. Es gibt nämlich kein Tätigkeitswort *besuusen* oder dergleichen, das Wort *unbesuust* steht ganz allein. Der obige Satz wäre mit „das Haus ist sehr schön" zu übersetzen. Das Wort *unbesuust* dient also zur Intensivierung (vgl. Piirainen 2011, 170). In den Mundarten, vielleicht auch allgemein in der gesprochenen Sprache, kommen viele übertreibende, ausdrucksstarke (expressive) und teils auch rätselhafte Wörter zur Intensivierung vor. Das Wort *unbesuust* gehört entweder zu einem bereits ausgestorbenen Tätigkeitswort oder wurde mit ganz viel Humor geschaffen, um bei Aussagen gehörig „einen drauf zu setzen": *He häff ne unbesuust lange Nösse in't Gesichte.* („Er hat eine besonders lange Nase im Gesicht.")

# Ünnerst

Der *Ünnerst* ist hierzulande hauptsächlich kleinen Kindern und Senioren vergönnt, für die arbeitende Bevölkerung ist er zumeist nicht vorgesehen. Die Rede ist vom Mittagsschlaf. Das Wort *Ünnerst* kommt im westfälischen Platt auch in den Varianten *Ünnersten, Ünnern, Unnern* oder ähnlich vor. Es handelt sich dabei um „ein uraltes wort", wie es im Deutschen Wörterbuch der Brüder Grimm unter dem Stichwort „Untern" heißt, das zum Verhältniswort *unter* gehört. Die Ausgangsbedeutung ist „Zwischenzeit, Mittagszeit". Daraus haben sich dann die Bedeutungen „Zwischenmahlzeit" und „Ruhezeit" entwickelt. Wenn in der Mittagszeit jemand vermisst wird, kann das also den folgenden Grund haben: *He hölt sienen Ünnersten.*

# usselig

Ein Wort, mit dem man seine Unzufriedenheit über ganz verschiedene Dinge ausdrücken kann, ist das plattdeutsche Eigenschaftswort *usselig*. Es wird auch *uselig* (mit langem *u*) oder *uëselig* (mit einem Diphthong, sprich Zwielaut) ausgesprochen, dabei immer mit stimmhaftem *s*. Es kann „schmutzig" bedeuten, oder „unordentlich" – ungepflegtes Haar nennt man auf Plattdeutsch *uselig Haor* –, es kann „hässlich" und „unansehnlich" bedeuten, außerdem „elend" und „unwohl" – *ick föhl mi so uselig* – und schließlich auch „trüb", „nasskalt" und „regnerisch", wenn es um das Wetter geht. Das Wort ist auch in den regionalen Umgangssprachen in NRW üblich, dort gibt es die Varianten *usselig, üsselig undösselig*. Die meisten der genannten Bedeutungen sind auch umgangssprachlich im Gebrauch, vor allem hört man es, wenn von unordentlichen Räumen, schmutzigen Gegenständen und deprimierendem Wetter die Rede ist. Das Wort leitet sich vom mittelniederdeutschen Hauptwort *osele* ab, das „Asche" bedeutete. Daran anschließend wurde es für allerlei Unbrauchbares, Schmutziges und Geringes verwendet.

# Wehrpaohl

Was, bitte schön, ist ein *Wehrpaohl?* Ein Wehrpfahl? Könnte damit eventuell ein Schanzpfahl gemeint sein, also ein *Pilum murale,* das die römischen Soldaten mit sich trugen, um schnell ein Feldlager mit Schutzwall aufbauen zu können? Nein, mit dem plattdeutschen Wort *Wehrpaohl* ist eine unruhige, um nicht zu sagen zappelige Person gemeint, vor allem ein zappeliges Kind. Denn im Münsterland, im Wiedenbrücker Land und in der Soester Börde hat *wehren* die Bedeutung „unruhig sein, nicht stillsitzen können" erlangt, *wehrig* heißt entsprechend „ruhelos, zappelig". Personenbezeichnungen, die mit *Paohl* zusammengesetzt sind, sind im westfälischen Platt recht zahlreich. Dies ist eine gängige Übertragung von den Gegenständen auf die Menschen. Die plattdeutschen Mundarten im südlichen Teil Westfalens benutzen übrigens eine andere Wortfamilie: Zwischen Dortmund, Büren und Olpe sagt man *rantern, ranterig* und *Ranterpaohl!*

# Wortkarten

# Backenzahn

Lingen
Almelo
Kusen
Osnabrück
Minden
Weser
Kusen
Hannover
Ems
Steinfurt
Vechte
Herford
Bielefeld
Berkel
Kusentant
Ems
Detmold
Werre
Coesfeld
Stever
Münster
Warendorf
Gütersloh
Borken
Kiewentant
Issel
Issel
Werse
Höxter
Lippe
Lippe
Paderborn
Nethe
Recklinghausen
Hamm
Soest
Gelsen-
kirchen
Herne
Bottrop
Dortmund
Unna
Backentahn
Möhne
Alme
Bochum
Ruhr
Diemel
Ruhr
Hagen
Lenne
Meschede
Schwelm
Kassel
Lüdenscheid
Düsseldorf
Lenne
Bigge
Olpe
Eder
Backezah
Lahn
Sieg
Siegen
Köln

Zu den wiederkehrenden sprachräumlichen Konstellationen in Westfalen-Lippe gehört es, dass eine nördliche, „küstenniederdeutsche" Sprachform auf eine südliche, „hochdeutsche" Sprachform stößt. Manchmal bildet die bekannte Benrather Linie, die zwischen dem Sauerland und dem Siegerland verläuft, eine Grenze, manchmal die Lippe, die über Jahrhunderte auch eine politische Grenze war. In vielen Fällen spielt sich der sprachliche Gegensatz im Nordteil von Westfalen ab, wie auch im vorliegenden Beispiel: Backenzahn. In weiten Teilen von Westfalen-Lippe heißt er auf Plattdeutsch *Backentahn,* was die lautliche Entsprechung des hochdeutschen Wortes ist. *Du hies woa lange käne Backteäne spugen* („du hast wohl lange keine Backenzähne gespien"), lautet eine Drohung in Dortmund-Wellinghofen. In Siegen-Wittgenstein heißt es *Backezah* oder ähnlich. In Norddeutschland ist ein anderes Wort gebräuchlich, nämlich *Kuse* oder *Kusen.* Das Wort hat eigentlich die Bedeutung „Keule, Knüppel", wird aber auch zur Bezeichnung verschiedener anderer dicker Dinge verwendet. In der Bedeutung „Backenzahn" ist *Kusen* nur im Nordteil unserer Region üblich, in Minden-Lübbecke und in Teilen des Kreises Steinfurt. Hat jemand in Ladbergen im Tecklenburger Land Zahnschmerzen, sagt er oder sie: *Mi kellt de Kusen.* Wie man aus der Karte ersehen kann, hat sich an der Grenze zwischen *Kusen* und *Backentahn* oder *Backentant* die Kompromissform *Kusentant* entwickelt. Ganz vereinzelt ist auch *Backenkusen* belegt. Im westlichen Münsterland ist schließlich *Kiewentant* verbreitet. Hierin steckt das Wort *Kiewe,* das „Kiefer" bedeutet.

# Bonbon

Lingen
Almelo
Osnabrück
Hannover
Minden
Weser
Herford
Bielefeld
Bolchen
Detmold
Werre
Höxter
Stieke
Steinfurt
Vechte
Ems
Boms
Berkel
Coesfeld
Münster
Warendorf
Gütersloh
Borken
Münte
Isssel
Bömsken
Stever
Werse
Lippe
Paderborn
Nethe
Recklinghausen
Hamm
Klümpken
Soest
Alme
Gelsen-
kirchen
Bottrop
Herne
Dortmund
Unna
Möhne
Bochum
Ruhr
Hagen
Lenne
Meschede
Schwelm
Lüdenscheid
Düsseldorf
Kassel
Bompstein
Bigge
Olpe
Eder
Lahn
Sieg
Siegen
Köln

Die kindliche Kreativität führt dazu, dass Wörter aus der Kindersprache oft spielerisch umgeformt werden, wodurch eine große Wortvielfalt entstehen kann. Die Wortkarte für „die zum Lutschen bestimmte Süßigkeit", wie es im Duden Bedeutungswörterbuch so schön heißt, zeigt zahlreiche Umformungen des französischen Lehnwortes *Bonbon* (zu *bon* „gut"), darunter *Boms* im Münsterland und *Bommstein* im Raum Winterberg – Medebach. Das Wort *Münte* im Bocholter Raum bedeutet eigentlich „Minze". *Stiëke* im Raum Gronau könnte ein ausgestochenes Stückchen bezeichnen. Das lippische *Bollchen* und das nördlich sich anschließende *Bölleken* sind Verkleinerungsformen von *Bolle,* das „runder Körper", und dann speziell „Oberschenkel" und „Gesäßhälfte" bedeutet. Das weit verbreitete Wort *Klümpken* gehört zu *Klumpen.* Verkleinerungssilben sind hier also recht oft im Spiel, damit wird besondere Wertschätzung ausgedrückt. Es verwundert nicht, dass viele dieser Wörter auch in der regionalen Umgangssprache üblich sind. *Klümpchen* ist dabei ein rheinisch-westfälisches Kennwort, *Bollchen* ist auch in den östlich an den Kreis Lippe angrenzenden Regionen bis zur Saale üblich.

# Butterbrot

Lingen
Almelo
Osnabrück
Hannover
Minden
Weser
Buotter
Brügge
Ems
Vechte
Steinfurt
Herford
Bielefeld
Buotteram
Berkel
Ems
Warendorf
Münster
Coesfeld
Stever
Gütersloh
Werre
Detmold
Buotter
Borken
Issel
Issel
Werse
Buotterbraud
Höxter
Lippe
Lippe
Paderborn
Nethe
Recklinghausen
Hamm
Gelsen-
kirchen
Bottrop
Herne
Soest
Alme
Buotterstücke
Dortmund
Unna
Möhne
Bochum
Ruhr
Diemel
Hagen
Lenne
Ruhr
Meschede
Schwelm
Kassel
Lüdenscheid
Düsseldorf
Stücke
Lenne
Bigge
Olpe
Eder
Lahn
Köln
Sieg
Siegen

Auch für die bestrichene oder belegte Scheibe Brot gibt es in den westfälischen Mundarten eine Vielzahl an Bezeichnungen. Am weitesten verbreitet ist das einfache Wort *Buotter,* das zumeist ein Neutrum ist, es heißt also *dat Buotter.* Es kommt auch in einem bekannten Sagwort vor: *Strofe mott suin, sach de Köster, do frat hai dem Jungen dat Bueter op* („Strafe muss sein, sagte der Küster, da fraß er dem Jungen das Butterbrot auf"). *Buotter* wird vor allem in weiten Teilen Ost- und Südwestfalens verwendet. Dort ist *das Butter* oder *das Bütterken* auch in der regionalen Umgangssprache üblich. (Ein *Hasenbutter* ist übrigens ein wieder mit nach Hause gebrachtes trockenes Pausenbrot!) Im Münsterland ist neben *Buotterbraud* die Bezeichnung *dat Buotteram* üblich. Das Wort ist im 17./18. Jahrhundert aus dem Niederländischen entlehnt worden, wo es *boterham* heißt (vgl. Foerste 1958, 78). Das Wort *Brügge,* das im Emsland und in der Grafschaft Bentheim sehr verbreitet ist, kommt auch in Westfalen vor. Vermutlich ist die Bedeutung „Butterbrot" – zunächst wohl scherzhaft – aus „Brücke" hervorgegangen. In einem Streifen im Südosten Westfalens sind schließlich *Buotterstücke* und *Stücke* gebräuchlich.

# Dachtraufe

Lingen
Almelo
Osnabrück
Hannover
Minden
Weser
Drüppen-
fall
Ems
Vechte
Steinfurt
Herford
Bielefeld
Dieken-
drüppe
Drüppenfall
Berkel
Coesfeld
Münster
Warendorf
Gütersloh
Werre
Detmold
Borken
Drüppenfall
Issel
Werse
Stever
Höxter
Lippe
Paderborn
Nethe
Recklinghausen
Hamm
Gelsen-
kirchen
Bottrop
Herne
Soest
Dortmund
Unna
Alme
Möhne
Bochum
Dackdrüppe
Ruhr
Diemel
Hagen
Lenne
Meschede
Schwelm
Kassel
Düsseldorf
Lüdenscheid
Bigge
Olpe
Eder
Lahn
Köln
Sieg
Siegen

Wenn wir vom Regen in die Traufe kommen, geraten wir aus einer misslichen Lage in eine noch schlimmere. Auf Plattdeutsch kann man hierfür sagen: *We kümmet van'n Rehn in de Drüppe.* Dieser Beleg aus dem Archiv des Westfälischen Wörterbuchs stammt aus Lichtenau im Kreis Paderborn. Sowohl *Drüppe* als auch *Traufe* hängen mit *triefen, träufeln, Tropfen* usw. zusammen. Das einfache Wort *Drüppe* ist aber im westfälischen Platt nur hier und da gebräuchlich. Häufiger kommen Zusammensetzungen vor, wie die Karte zeigt. Im Südteil Westfalens ist *Dackdrüppe* üblich. Das Wort ist im Westen eher ein Maskulinum, im Osten eher ein Femininum. Zu den vielen Varianten dieses Wortes gehören unter anderem *Dakesdrüppe* und *Daakdrüppel.* Auch das im Münsterländischen verbreitete *Diëkendrüppe* zählt hierzu. Allerdings ist das Wort hier wohl an *Diëke,* also das Wort für die Decke, angelehnt worden. Im Nordteil Westfalens und im angrenzenden Niedersachsen ist *Drüppenfall* üblich, im westlichen Münsterland auch *Drüppelfall* oder *Dröppelfall.* Diese Zusammensetzung verdeutlicht stärker, dass die untere Kante der Dachfläche gemeint ist, dort wo bei Regen das Wasser gesammelt herunterprasselt. Wenn jemand schon früh eine Glatze bekommen hat, sagt man unter anderem in Kalletal-Hohenhausen im Kreis Lippe: *Deu het auk froijer tau veel unnern Drüppenfall stohn.* („Der hat auch früher zu viel unter der Dachtraufe gestanden.")

# Eichhörnchen

Das Eichhörnchen heißt im westfälischen Platt größtenteils *Ekern* oder *Ekerken* (auch *Ekelken, Eksken* usw.). Das zierliche Tierchen ist flink und vollbringt beeindruckende Sprünge in den Bäumen. Daher kann man im südwestfälischen Platt *sau flink at'n Äikel* sagen, wenn jemand sehr schnell ist. Das Wort wird von den Sprecherinnen und Sprechern vielfach mit „Eiche" und „Eichel" in Verbindung gebracht, es ist mit ihnen aber höchstwahrscheinlich nicht verwandt. Zur Verdeutlichung dieser Bezeichnung wurde sie vielfach mit *Katte* zusammengesetzt. Vor allem im westlichen Münsterland und im Bereich Hamm – Soest – Beckum sagt man auf Platt *Ekkatte* oder *Ekkättken.* In einigen kleineren Gebieten um Bocholt und Vreden, um Bochum und Dortmund sowie im Ostteil von Minden-Lübbecke verfährt man anders herum und fügt das verdeutlichende *Katte* am Wortanfang hinzu. Dort heißt es also *Katteker, Kattekelken* oder ähnlich. Auch das deutsche Wort *Eichhörnchen* ist eine verdeutlichende Bildung. *Horn* oder *Hörnchen* sind hier aufgrund lautlicher Ähnlichkeiten zum Ausgangswort hinzugestoßen, Sinn ergeben sie eigentlich nicht. Die plattdeutsche Entsprechung *Ekhorn* (oder *Ekhörnken*) ist vor allem am östlichen und südlichen Rand von Westfalen-Lippe üblich geworden.

# eilig

Lingen
Almelo
Osnabrück
Hannover
drock
Minden
Weser
hille
drock
Steinfurt
Ems
Vechte
Herford
Bielefeld
ielig
Berkel
Ems
Detmold
Werre
Coesfeld
Münster
Warendorf
Gütersloh
druck
Borken
Issel
Issel
Werse
Stever
Höxter
Lippe
Lippe
Paderborn
Recklinghausen
Hamm
druck
Nethe
Gelsen-
drück
Bottrop
Herne
kirchen
Dortmund
Unna
Soest
Alme
ielig
Möhne
Bochum
Ruhr
Diemel
Ruhr
Hagen
Lenne
Meschede
Kassel
Schwelm
Lüdenscheid
Düsseldorf
Lenne
Bigge
Olpe
ielig
Eder
driel
Lahn
Köln
Sieg
Siegen

Wenn es jemand eilig hat oder jemand schwer beschäftigt ist, kann man in weiten Teilen Westfalens auf Plattdeutsch sagen: *he* oder *se is druck*. Bei *druck* handelt es sich um ein niederländisches Lehnwort. Im Unterschied zu den meisten anderen niederländischen Lehnwörtern hat es sich weit nach Osten, teilweise bis zur Weser, ausgebreitet. Die drei Lautvarianten *drock, druck* und *drück* schließen direkt an die jeweils benachbarten niederländischen und rheinischen Gebiete an, aus denen sie stammen. Übernommen wurde das Wort im 17. oder im beginnenden 18. Jahrhundert (vgl. Foerste 1958, 71). Der früheste Beleg ist im Wörterbuch „Idioticon Osnabrvgense“ von Johann Christoph Strodtmann aus dem Jahr 1756 zu finden: „Drock: beschaͤfftigt. He heft et drock.“ Das Adjektiv und Adverb *druck* wurde vom gleichlautenden Substantiv *druck* „Druck“ abgeleitet. Die moderne Alternative *ielig* kommt fast überall verstreut vor, raumgreifend wird sie vor allem im Süden und Osten von Westfalen-Lippe auf Plattdeutsch verwendet. Zwei weitere Bezeichnungen kommen an den Rändern unseres Gebietes vor: Das Wort *hille* ist vor allem im Kreis Minden-Lübbecke gebräuchlich. Dabei handelt es sich um ein in Niedersachsen sehr gebräuchliches Wort, das im Mittelniederdeutschen als *hilde* belegt ist. Besonders im Kreis Olpe hört man das Wort *drill* oder *driel,* das im benachbarten Rheinland sehr verbreitet ist. Es gehört zum Tätigkeitswort *drillen* „drehen“. Zurück zu *druck:* Wenn jemand nur so tut, als ob er stark beschäftigt wäre, sagt man: *Hai hiät et säo druck ase ne Henne met äinem Kuiken* (wörtlich: „Er ist so beschäftigt, wie eine Henne mit einem Küken“).

# flüstern

Lingen
Almelo
Osnabrück
Minden
Hannover
Steinfurt
Herford
Bielefeld
flistern
wispeln
Detmold
Coesfeld
Münster
Warendorf
Gütersloh
smüstern
flistern
Borken
tießen
Höxter
Paderborn
Recklinghausen
Hamm
lustern
Gelsen-
kirchen
Bottrop
Herne
Dortmund
Unna
flispern
Soest
tuskeln
tustern
Bochum
Hagen
fluspern
Meschede
Schwelm
Kassel
Düsseldorf
Lüdenscheid
lustern
puspeln
wispeln
Olpe
Köln
Siegen
Ems
Vechte
Berkel
Issel
Lippe
Stever
Werre
Weser
Nethe
Alme
Möhne
Ruhr
Diemel
Lenne
Bigge
Eder
Lahn
Sieg

F*lüstern in't Ohr is nümmer nich wohr!* So sagt man in Ahaus (Kreis Borken), wenn man zu verstehen geben will, dass es sich nicht gehört, in Gegenwart anderer zu flüstern. Die wörtliche Übersetzung lautet „Flüstern ins Ohr ist niemals wahr". Dieses Sprichwort ist im westlichen Teil Westfalens üblich. In Arnsberg-Müschede (Hochsauerlandkreis) sagt man: *Puspeln in't Ohr is siliäwen nit wohr.* In Plettenberg (Märkischer Kreis) heißt es *Lustern in't Ohr es nümmermär wohr.* In Ahlen-Dolberg (Kreis Warendorf) schließlich: *Tießen in't Ohr is nümmer wohr.* Neben der Variation in der Verneinung und in der Rhythmisierung des Sprichwortes fällt vor allem die Vielfalt in der Bezeichnung des Flüsterns auf. In der Karte sind die Areale der zehn häufigsten Varianten eingezeichnet. Die Wörter haben zumeist lautmalerischen Ursprung, das heißt, mit ihnen wird tonloses Sprechen oder Zischen nachgemacht. Am weitesten ist *flistern,* zumeist mit gerundetem Vokal als *flüstern,* verbreitet. Ähnlich klingen *fluspern,* das um Brilon vorkommt, und *flispern,* das im Westteil des Kreises Soest belegt ist. Im westlichen Sauerland und in der Soester Börde ist *lustern* (auch *lüstern*) verbreitet. Es bedeutet eigentlich „horchen, lauschen", also eine andere Form des heimlichen Informationsaustausches. Im östlichen Sauerland sagt man *puspeln.* Das Wort *tießen* herrscht im östlichen Münsterland vor, *tustern* in den Kreisen Paderborn und Höxter, westlich von Borken sagt man *smüstern.* Die kleinräumig verbreiteten *tuskeln* (im Raum Geseke – Marsberg) und *wispeln* (um Winterberg sowie um Gütersloh) kennt man auch außerhalb Norddeutschlands. Die Variante *wispern* ist als *whisper* auch im Englischen üblich.

# Frosch

Lingen
Almelo
Osnabrück
Minden
Hannover
Pogge(n)
Herford
Bielefeld
Pobben
Detmold
Steinfurt
Warendorf
Münster
Pogge(n)
Gütersloh
Coesfeld
Kickforsch
Borken
Höxter
Höpper
Paderborn
Recklinghausen
Hamm
Gelsen-
kirchen
Bottrop
Herne
Dortmund
Unna
Soest
Bochum
Fuorsk
Hagen
Meschede
Schwelm
Kassel
Düsseldorf
Lüdenscheid
Hüppel-
fuask
Olpe
Frosch
Hocke
Siegen
Krottche
Köln
Ems
Vechte
Berkel
Issel
Lippe
Stever
Werse
Weser
Werre
Nethe
Alme
Möhne
Ruhr
Diemel
Lenne
Bigge
Eder
Lahn
Sieg

Im nordöstlichen Westfalen (und weit darüber hinaus) gilt für den Frosch das Wort *Pogge* (oder *Poggen / Pobben*). In Bezug auf die Herkunft des Wortes wird vermutet, dass es entweder früher „Blase" bedeutete – der Frosch kann sich aufblasen – oder auf ein ausgestorbenes Tätigkeitswort für „hüpfen" zurückgeht. Dass Letzteres naheliegt, zeigt auch das Wort *Höpper,* das im südlichen Ostwestfalen verwendet wird. Es gehört natürlich zu *hoppen.* Im größten Teil Westfalens sagt man *Fuorschk.* Diese Form ist durch den Umsprung des *-r-* aus *Frosk* entstanden, wie er beispielsweise auch in *Buorst* „Brust" oder *diärtig* „dreißig" vorkommt. Das Wort *Frosch / Fuorschk* ist auch im gesamten hochdeutschen Mundartraum verbreitet. Im äußersten Westen sagt man *Kickfors,* das nicht nur mit den angrenzenden ostniederländischen Mundarten, sondern auch mit der niederländischen Standardsprache übereinstimmt. Kleinere Worträume finden sich südlich der Lenne. Hier begegnen unter anderem das wahrscheinlich „doppelt gemoppelte" *Hüppelfuask* sowie die Wörter *Hocke* und *Krottche,* die ansonsten verbreitet auch für die Kröte verwendet werden (vgl. Foerste 1960).

# heute

Lingen
Almelo
Osnabrück
Hannover
hüt
Minden
Weser
Ems
Vechte
Steinfurt
Herford
Bielefeld
Berkel
Warendorf
Detmold
Werre
Coesfeld
Münster
Gütersloh
vandāg(e)
Höxter
Issel
Borken
Stever
Werse
vandāg(e)
vanda
Lippe
Paderborn
Nethe
Recklinghausen
Hamm
Gelsen-
kirchen
Bottrop
Herne
Dortmund
Unna
Soest
Alme
Möhne
Bochum
Ruhr
Diemel
Hagen
Lenne
Ruhr
Meschede
Schwelm
Kassel
Düsseldorf
Lüdenscheid
dündag
Bigge
Lenne
Olpe
Eder
haur
hö
Lahn
Siegen
Sieg
Köln
ho
haut
hu

Die Bezeichnungen für den gegenwärtigen Tag sind im Deutschen und seinen nächsten Verwandten zumeist aus zwei Teilen gebildet. So ist etwa das englische *today* aus dem Verhältniswort (Präposition) *to* und dem Nomen *day* gebildet. Auch im deutschen Wort *heute* steckt das Wort *Tag,* das mit einem hinweisenden Fürwort in der Bedeutung „dieser" verbunden ist (althochdeutsch *hiu tagu*). Die Wortkarte zum Thema „heute" in Westfalen-Lippe zeigt drei Varianten. Zum einen gibt es im Tecklenburgischen und im Kreis Siegen-Wittgenstein Formen wie *hüüt, haut, haur* oder *hö,* die Entsprechungen zum hochdeutschen Wort *heute* sind. Zum anderen erscheint das Wort *vandage,* das auch im Niederländischen in der Form *vandaag* gebräuchlich ist. Es hat sich im Mittelalter im niederdeutschen und niederländischen Raum ausgebreitet und ältere Wörter verdrängt. Im Plattdeutschen gibt es eine Reihe baugleicher Wendungen wie *van Aobend* („heute Abend"), *van Jaohr* („dieses Jahr") und so weiter. Das Wort *van* hat hier eine eigentümliche Bedeutungsverschiebung in zeitlicher Hinsicht erfahren. Zum dritten wird in einem schlauchförmigen Gebiet zwischen dem Bergischen Land und der Warburger Börde *düendach* oder ähnlich gesagt. Auch hier lässt sich erkennen, dass der erste Bestandteil eigentlich ein hinweisendes Fürwort ist. Das Verbreitungsgebiet von *düendach* in seiner dargestellten Form ist vermutlich darauf zurückzuführen, dass das *vandage*-Areal in Richtung Süden expandiert ist (vgl. Foerste 1958, 34).

# Hund

Lingen
Almelo
Osnabrück
Hannover
Hund
Hund
Minden
Weser
Ems
Vechte
Steinfurt
Herford
Bielefeld
Berkel
Warendorf
Münster
Detmold
Werre
Coesfeld
Hund
Hond
Issel
Borken
Gütersloh
Stever
Werse
Rüe
Höxter
Lippe
Lippe
Paderborn
Recklinghausen
Hamm
Nethe
Gelsen-
kirchen
Bottrop
Herne
Soest
Hund
Alme
Dortmund
Unna
Möhne
Bochum
Ruhr
Diemel
Ruhr
Hagen
Lenne
Meschede
Schwelm
Kassel
Düsseldorf
Lüdenscheid
Hund
Lenne
Bigge
Olpe
Hund
Eder
Hond
Lahn
Siegen
Sieg
Köln

Der beste Freund des Menschen heißt in fast allen deutschen Mundarten *Hund* (oder *Hond, Honk, Hunn* usw.). Zu den wenigen Ausnahmen gehören die westfälischen Mundarten, hier sagt man auf Platt *Rüe.* Dies ist also ein westfälisches Kennwort. Ursprünglich bezeichnete man mit dem Wort *Rüde* eine große Hundeart, später den männlichen Hund. Im Westfälischen ist das Wort zur allgemeinen Gattungsbezeichnung geworden (Bedeutungserweiterung), und das alte Wort *Hund* wurde verdrängt. Außerdem ist das inlautende *-d-* geschwunden, weshalb der Zusammenhang zu unserem hochdeutschen Wort *Rüde* nicht sofort deutlich ist. Diese Entwicklung geschah in weiten Teilen Westfalen-Lippes, und zwar erst nach dem Mittelalter. Unterblieben ist sie allerdings im Nordwesten und Südosten, dort sagt man weiterhin *Hund* oder *Hond* (vgl. Foerste 1958, 68). – Nun mag man sich fragen: Hat man in den Gegenden, wo *Rüe* das allgemeine Wort für den Hund geworden ist, eigentlich auch ein Wort für den männlichen Hund? Ja, teilweise: Im Münsterland und in Südwestfalen sagt man *Riëkel,* ursprünglich ein Wort für einen großen Bauernhund.

# immer

Lingen
Almelo
Osnabrück
Hannover
Minden
Weser
Ems
alltied
Steinfurt
Vechte
Herford
Bielefeld
Berkel
alltied
Coesfeld
Stever
Münster
Ems
Warendorf
Gütersloh
Werre
Detmold
jümmer
Issel
Issel
Borken
ümmer
Werse
Höxter
Lippe
Lippe
Paderborn
Nethe
Recklinghausen
Hamm
Gelsen-
kirchen
Bottrop
Herne
Dortmund
Unna
Soest
Alme
Möhne
Bochum
Ruhr
Diemel
Ruhr
Meschede
Hagen
Lenne
Schwelm
Kassel
Düsseldorf
Lüdenscheid
liuter
Lenne
Bigge
Olpe
Eder
Lahn
Köln
Sieg
Siegen

Die westfälischen Mundarten weisen in allen Wortschatzbereichen Besonderheiten und eine regionale Vielfalt auf, so auch bei den Zeitadverbien. Die Karte zu „immer“ zeigt drei verschiedene Wörter: *alltied, ümmer* und *liuter.* Den größten Raum nehmen *ümmer* und *jümmer* ein, die mit dem hochsprachlichen *immer* übereinstimmen. Zugrunde liegt hier eine Zusammensetzung von *je* und *mehr.* Von daher erklärt sich auch der *j*-Anlaut im Ostwestfälischen. Im Nordwesten Westfalens sagen die Plattsprecher *alltied.* Die hochdeutsche Entsprechung *allzeit* ist stilistisch markiert und nicht das „normale“ Wort für „immer“. Das Wort ist in den germanischen Sprachen weit verbreitet, man vergleiche niederländisch *altijd,* dänisch *altid* sowie schwedisch und norwegisch *alltid.* Eine regionale Besonderheit stellt demgegenüber das sauerländische *liuter* dar (auch *lutter* mit kurzem *u*). Es entspricht hochdeutsch *lauter.* Die Bedeutung hat sich von „klar, rein, ungetrübt“ über „ausschließlich, nur“ zu „immer“ weiterentwickelt. Erklären lässt sich dies, wenn man sich einen Satz wie „Ich trinke ausschließlich Wasser“ vor Augen hält, der auch so verstanden werden kann, dass man „immer“ Wasser trinkt. Es fällt auf: *Me lehrt liuter wat dertau* („Man lernt immer etwas dazu“, Beleg aus Sundern-Hagen).

# Kaffeesatz

Lingen
Almelo
Osnabrück
Hannover
Dicke
Steinfurt
Vechte
Ems
Minden
Weser
Dicksel
Herford
Bielefeld
Berkel
Coesfeld
Stever
Münster
Ems
Warendorf
Gütersloh
Werre
Detmold
Issel
Issel
Borken
Prütt
Werse
Höxter
Lippe
Lippe
Paderborn
Nethe
Recklinghausen
Hamm
Dräbsel
Gelsen-
kirchen
Bottrop
Herne
Dortmund
Unna
Soest
Alme
Möhne
Bochum
Ruhr
Ruhr
Diemel
Hagen
Lenne
Meschede
Schwelm
Kassel
Düsseldorf
Lüdenscheid
Dross
Bigge
Gruss
Lenne
Olpe
Gruss
Eder
Lahn
Köln
Sieg
Siegen

Nach der Zubereitung des Kaffees bleibt in der Filtertüte der Kaffeesatz übrig. Ohne Filtertüte bleibt der Kaffeesatz in der Kanne. Den Kaffeesatz nennt man in weiten Teilen von Westfalen-Lippe auf Plattdeutsch *den* (oder auch dat) *Prütt.* Teilweise hört man auch die Varianten *Prutt* oder *Prött.* In Bochum-Langendreer weiß man: *Prütt mäket schön!* Vielleicht soll man mit diesem Spruch zum Austrinken des dickflüssigen Kaffeerests in der Tasse bewogen werden. Das Wort *Prütt* bezeichnet außerdem ganz allgemein allerlei wertloses Zeug. Es wird auch in herabsetzender Bedeutung für Menschen verwendet (im Sinne von „Gesinde"). Im nördlichen Münsterland heißt der Kaffeesatz auf Platt *dat Dicke,* eine Substantivierung des Eigenschaftswortes *dick.* Will man im Münsterland zu verstehen geben, dass der Gast doch die Tasse ganz (also mit dem Kaffeesatz) leertrinken möge, sagt man auf Platt: *Dat Dicke hät't Geld kost't* („der Kaffeesatz hat das Geld gekostet"). Im Niederländischen heißt es ähnlich: *koffiedik.* Im Ostteil des Kreises Minden-Lübbecke ist *Dicksel* üblich, bei dem zum Eigenschaftswort *dick* noch das Ableitungssuffix *-sel* (wie in hochdeutsch *Füllsel*) hinzugekommen ist. Drei weitere Wörter sind ebenfalls nur kleinräumig verbreitet: *Dräbsel* sagt man in der Soester Börde. Das Wort gehört zu *Drabbe,* das wiederum mit dem hochdeutschen Wort *Treber* („Rückstände bei der Bierherstellung") verwandt ist. *Dross* kommt im Süden des Märkischen Kreises vor, außerdem in benachbarten rheinischen Regionen. In Teilen des Sauer- und Siegerlandes ist schließlich *Gruss* das übliche Wort für den Kaffeesatz, es entspricht dem rheinischen *Griss.* Dieses Wort wird auch für Steingeröll, Kohle und allerlei Zerkleinertes verwendet.

# Knochen

Lingen
Almelo
Osnabrück
Hannover
Minden
Weser
Ems
Vechte
Steinfurt
Herford
Bielefeld
Berkel
Ems
Werre
Detmold
Coesfeld
Stever
Münster
Warendorf
Gütersloh
IJssel
Issel
Borken
Butt
Werse
Höxter
Lippe
Lippe
Paderborn
Nethe
Recklinghausen
Hamm
Knuoken
Gelsen-
kirchen
Bottrop
Herne
Alme
Soest
Dortmund
Unna
Möhne
Bochum
Ruhr
Diemel
Ruhr
Hagen
Lenne
Meschede
Schwelm
Kassel
Düsseldorf
Lüdenscheid
Lenne
Bigge
Olpe
Eder
Knochen
Lahn
Köln
Sieg
Siegen

Für das einzelne Teil des Skeletts gibt es in den westfälischen Mundarten zwei großräumig verbreitete Bezeichnungen: *Butt* und *Knuoken.* Im Westteil Westfalens sagt man *Butt,* das sich dem niederländischen *bot* anschließt. *Se heff't em richtig an de Bütte säggt,* sagt man beispielsweise in Metelen oder Rheine (Kreis Steinfurt), wenn sehr deutlich die Meinung gesagt wurde. Das Wort *Butt* gehört zum Eigenschaftswort *butt,* das „stumpf, plump" bedeutet und letztlich zum niederdeutschen Tätigkeitswort *böten* „schlagen, stoßen" gehört, das wiederum sein Pendant im englischen *beat* hat. Auch der *Amboss,* der *Butt* („Plattfisch") und die *Butzenscheibe* gehören wahrscheinlich hierher. Im Ostteil unseres Gebietes ist *Knuoken* verbreitet, südlich der Lautverschiebungslinie als *Knochen.* Das Wort gehört etymologisch in den Kreis einiger weiterer Wörter für Zusammengeknülltes oder Ähnliches wie *Knust, Knorren* oder *Knoten.* Es hat in weiten Teilen des deutschen Sprachraums das alte Wort *Bein* in der Bedeutung „Knochen" verdrängt. Wir kennen aber beispielsweise noch das *Brustbein,* das *Nasenbein* oder das *Schlüsselbein.* In den Gebieten, in denen man *Butt* und *Knuoken* kennt, gilt *Butt* oft als das gröbere, rohere Wort, das manchmal nur für die Knochen des Viehs oder für dicke Knochen verwendet wird. Wenn einem eine Person sehr mager vorkommt, kann man unter anderem sagen: *De is nix es Hut un Butt* („nichts als Haut und Knochen") oder *de Knuoken käiket ne dür't Fell* („die Knochen kucken ihm durch die Haut").

# Kopfschmerzen

Die meisten Menschen haben leider schon einmal mit Kopfschmerzen zu tun gehabt. Die Mundarten in Westfalen-Lippe haben auch hierfür unterschiedliche Wörter im Angebot: Im äußersten Westen Deutschlands (von der Nordseeküste bis zur Eifel) ist *Koppiene* verbreitet. Das niederdeutsche Grundwort *Piene* geht, wie niederländisch *pijn,* englisch *pain* und deutsch (gehoben) *Pein,* zurück auf lateinisch *poena,* das „Strafe" bedeutet. Aufgrund der Praxis der Folter hat das Wort die Bedeutung „Schmerzen" erlangt. In dem Wort *Kopweh* steckt ein alter Schmerzensruf. *Kop(f)weh* sagt man im gesamten Süden des deutschen Sprachraums. Die eigentümliche „Verlängerung" *Kopwehdage* ist vor allem im Nordosten Norddeutschlands verbreitet. *Wehdage* sind ursprünglich die Tage, an denen man Schmerzen hat. Das Wort *Kopschmerzen* ragt noch ein wenig in den Kreis Siegen-Wittgenstein hinein. Es ist vor allem in den ostmitteldeutschen Mundarten verbreitet; durch das Wirken Martin Luthers ist es in die deutsche Schriftsprache gelangt. Im Norden des Kreises Minden-Lübbecke entdecken wir außerdem das Wort *Kopkehl.* Das Wort (auch *Kopkählt* oder ähnlich) ist üblich in einem Gebiet, das von dort bis zur Nordseeküste reicht. Es gehört möglicherweise zum Hauptwort *Quahl.*

# Mädchen

Lingen
Almelo
Osnabrück
Hannover
Minden
Deern
Weser
Wicht
Ems
Vechte
Steinfurt
Herford
Bielefeld
Berkel
Ems
Lüt, Luit
Detmold
Werre
Coesfeld
Stever
Münster
Warendorf
Gütersloh
Issel
Borken
De(e)rn,
Dän
Werse
Höxter
Lippe
Paderborn
Nethe
Recklinghausen
Hamm
Deine,
Deien
Mäken
Gelsen-
kirchen
Bottrop
Herne
Dortmund
Unna
Soest
Alme
Möhne
Bochum
Ruhr
Diemel
Hagen
Lenne
Ruhr
Meschede
Schwelm
Miäken
Kassel
Düsseldorf
Lüdenscheid
Wicht
Lenne
Bigge
Olpe
Eder
Madche
Lahn
Köln
Sieg
Siegen
Mädche

Das grammatische Geschlecht (Genus) ist im Deutschen, wenn es um Wörter für unbelebte Gegenstände geht, zumeist ohne erkennbare Bedeutung verteilt (*der Stuhl, die Couch, das Sofa*). Anders ist es bei den Wörtern für Lebewesen und besonders für Menschen: Die Bezeichnungen für männliche Personen sind Maskulina (*der Mann*), die Bezeichnungen für weibliche Personen sind Feminina (*die Frau*). Das stimmt so aber nicht ganz: Wörter für weibliche Kinder sind zumeist keine Feminina, sondern Neutra (*das Mädchen*). Bei Wörtern für männliche Kinder kommt das Neutrum nicht vor. Das Neutrum zeigt hier Unreife bzw. Verfügbarkeit an und spiegelt damit auch Geschlechterordnungen (vgl. Nübling 2019). In den westfälischen Mundarten ist dies ebenfalls auffällig: Drei der vier räumlich verteilten Bezeichnungen für „Mädchen“ sind Neutra, auch die vierte Bezeichnung kommt als Neutrum vor. Im Nordwesten Westfalens sagt man *dat Wicht*. Ursprünglich bedeutete das Wort „kleines Wesen, Geschöpf“, dann „(hilfloses) Kind“, woraus sich dann die Einengung auf das weibliche Kind entwickelt hat. Es ist ein altes rheinisches Lehnwort (vgl. Foerste 1958, 28). Im Nordosten heißt das Mädchen *dat Lüt, Luit* oder ähnlich. Das Wort ist eine Einzahlbildung zu *Lüde* („Leute“), die sich dort zur allgemeinen Bezeichnung für „Mädchen“ gewandelt hat. Im Hochsauerland und im südlichen Teil Ostwestfalens sagt man *dat Mäken* oder *Maiken*. Das Wort geht zurück auf älteres *megedeken* und ist, wie hochdeutsch *Mädchen*, eine Verkleinerungsform von *Magd*. Früher wurde es oft auch in der Bedeutung „Hausangestellte“ verwendet. Im Südwesten Westfalens ist – wie auch in weiten Teilen Niedersachsens – das Wort *de* (oder auch *dat*) *Dern, Deien* oder ähnlich üblich. Es entspricht dem hochdeutschen Wort *Dirne*, das ursprünglich „Jungfrau“ bedeutete.

# mal

Lingen
Almelo
Osnabrück
Hannover
es
Minden
Weser
Herford
Bielefeld
Detmold
Werre
Ems
Vechte
Steinfurt
Berkel
Coesfeld
Stever
Münster
Warendorf
Gütersloh
es
Borken
Issel
Werse
Höxter
Lippe
Paderborn
Nethe
Recklinghausen
Hamm
maol
Gelsen-
kirchen
Bottrop
Herne
Dortmund
Unna
Soest
Alme
Möhne
Bochum
Ruhr
Diemel
Hagen
Lenne
Meschede
Schwelm
Kassel
Düsseldorf
Lüdenscheid
Lenne
Bigge
Olpe
Eder
Lahn
Köln
Sieg
Siegen

Die vermutlich unscheinbarsten Wörter in unserer Sprache sind die Partikeln. Dies sind Wörter wie *ja, doch, wohl, halt, denn, eben.* Sie erfüllen aber wichtige Funktionen, indem sie auf den angenommenen Wissensstand verweisen oder verdeutlichen, was man mit einer Äußerung eigentlich bezwecken will. So könnte der erste Satz dieses Textes ganz unterschiedlich verstanden werden, wenn nach *sind* die oben genannten Partikeln eingefügt würden. Manche Partikeln sind an bestimmte Satzarten geknüpft, wie zum Beispiel den Aufforderungssatz. In eine Aufforderung wie *Hol ___ eine Flasche Bier!* wird vielfach eine Partikel eingesetzt, so auch im Plattdeutschen. Wie die Karte zeigt, gibt es in den westfälischen Mundarten in diesem Fall zwei großräumig verteilte Varianten, *maol* (entstanden aus *eenmaol*) und *es* (entstanden aus *enes* im Sinne von „einmal"). Die Variante *es* gilt als niederdeutsche Besonderheit, sie ist aber auch im benachbarten Rheinland (oft als *ens*) anzutreffen. Also sagt man *Hahl es ne Fläske Beer!* in Stadtlohn im Kreis Borken, aber *Hual mol ne Flaske Baier!* in Winterberg im Hochsauerlandkreis.

# Maurer

Lingen
Almelo
Osnabrück
Minden
Hannover
Steinfurt
Herford
Bielefeld
Münster
Warendorf
Gütersloh
Detmold
Coesfeld
Mesler
Borken
Mürker
Höxter
Paderborn
Recklinghausen
Hamm
Gelsen-
kirchen
Bottrop
Herne
Dortmund
Unna
Soest
Bochum
Mürmann
Hagen
Meschede
Schwelm
Kassel
Lüdenscheid
Düsseldorf
Olpe
Köln
Siegen
Ems
Vechte
Berkel
Stever
Werse
Weser
Werre
Lippe
Nethe
Alme
Möhne
Ruhr
Diemel
Lenne
Bigge
Eder
Lahn
Sieg

Für die Berufsbezeichnung „Maurer“ zeigt die Karte drei Wörter in drei klar voneinander abgegrenzten Räumen. Im Nordosten von Westfalen-Lippe sagt man *Mürker* (oder *Muierker* oder ähnlich), das aus dem niederdeutschen Wort *Mür* für die Mauer und der Wortbildungsendung -*ker* gebildet ist. Diese Endung kommt in vielen niederdeutschen Berufsbezeichnungen vor, so etwa auch in *Imker* (von *Imme* für die Biene) – dieses Wort ist aus dem Niederdeutschen ins Hochdeutsche entlehnt worden. Hier und da wird aus *Mürker* der *Mürkerl.* Im Südwesten sagt man auf Platt *Mürmann* (oder auch *Murmann*). Vor allem im Raum Unna – Märkischer Kreis kommt *Mürmann* oft auch als Familienname vor. Weiter verbreitet ist die hochdeutsche Version *Mauermann.* Im Westteil des Kreises Borken heißt der Maurer auf Platt *Messler.* Dieses Wort geht auf niederländischen Einfluss zurück (niederländisch *metselaar*), der für das westmünsterländische Platt insgesamt typisch ist.

# niedrig

Lingen
Almelo
Osnabrück
Hannover
Minden
siede
Ems
Weser
Vechte
Steinfurt
Herford
Bielefeld
Berkel
Ems
Detmold
Werre
Coesfeld
Stever
Münster
Warendorf
Gütersloh
läge
Issel
Issel
Borken
Werse
siege
Höxter
Lippe
Lippe
Paderborn
Nethe
Recklinghausen
Hamm
Gelsen-
kirchen
Bottrop
Herne
Dortmund
Unna
Soest
Alme
dale
Möhne
Bochum
Ruhr
Diemel
Ruhr
Hagen
Lenne
Meschede
Schwelm
Kassel
Düsseldorf
Lüdenscheid
Lenne
Bigge
Olpe
Eder
siede
Lahn
Sieg
Siegen
Köln

Um Material für das Westfälische Wörterbuch zu sammeln, wurden vor allem in den 1930er und 1940er Jahren zahlreiche Fragebögen an Plattdeutsch-Sprecherinnen und -Sprecher geschickt. Aus dem Jahr 1933 stammt der Fragebogen Nr. 11, in dem sich unter anderen der folgende Satz findet: „Der Tisch ist zu niedrig." 284 Übertragungen in das jeweils örtliche Platt sind zum Wörterbuch-Archiv zurückgesandt worden. Auf der Grundlage dieser Einsendungen ist die nebenstehende Karte gezeichnet worden. Sie zeigt die räumliche Verteilung der verschiedenen Wörter für „niedrig" in Westfalen-Lippe. Die am weitesten verbreitete Form ist *siege*. In Iserlohn sagt man beispielsweise: *Bai nit houge kläitert, dai kann nit seïge fallen.* („Wer nicht hoch klettert, kann nicht tief fallen.") Das Wort stammt von einem alten Tätigkeitswort ab, das „sinken" bedeutete und das mit „versiegen" zusammenhängt. Vor allem im Nordosten des Kreises Steinfurt und im Kreis Siegen-Wittgenstein sagt man auf Platt *siede*. Das Wort *dale* (zu *Tal*) ist in der Bedeutung „herunter, abwärts" weit verbreitet. Als Eigenschaftswort in der Bedeutung „niedrig" kommt es aber nur um Warburg häufiger vor. Das Westmünsterland, in etwa der Kreis Borken, hat ebenfalls ein eigenes Wort: *lege*. Dort waren früher auch *lege Klumpen*, also flache Holzschuhe, üblich, die im benachbarten inneren Münsterland *siege Holsken* hießen. Auch *lege* ist in anderen Bedeutungen (beispielsweise „mager" oder „schlimm") viel weiter verbreitet.

# oft

Lingen
Almelo
Osnabrück
Hannover
Minden
vull
Ems
Weser
Vechte
Steinfurt
Herford
Bielefeld
faken
Berkel
Ems
Werre
Detmold
Coesfeld
Stever
Münster
Warendorf
Gütersloh
oft
Issel
Issel
Borken
Werse
Höxter
oft
oft
Lippe
Lippe
Paderborn
Nethe
Recklinghausen
Hamm
fake
Gelsen-
kirchen
Bottrop
Herne
Alme
Dortmund
Soest
Unna
Möhne
Bochum
Ruhr
Diemel
Ruhr
fake
Hagen
Lenne
Meschede
Schwelm
Kassel
Düsseldorf
Lüdenscheid
mannigmol
Bigge
Lenne
Olpe
Eder
Lahn
Köln
vil
Sieg
Siegen
lang

Das Wort „oft" ist ein Temporaladverb, also ein Umstandswort der Zeit. Damit gibt man an, dass eine Handlung häufig, also zu vielen Gelegenheiten durchgeführt wird. Im westfälischen Platt ist hierfür das Wort *faken* oder *fake* am gebräuchlichsten. Es stimmt auch mit dem niederländischen *vaak* überein. Im Westfälischen kommen auch die Formen *faak, faker* und *fakes* vor. *Dat kümp nich faken vö* („das kommt nicht oft vor"), sagt man in Mettingen im Kreis Steinfurt. Das Wort gehört zum Substantiv *Fack,* also dem hochdeutschen *Fach.* Ein *Fack / Fach* ist etwas Abgeteiltes, eine Abteilung, und früher konnte es auch für eine zeitliche Abteilung verwendet werden, einen Zeitraum. In vielen Regionen des Westrandes Norddeutschlands ist *faken* allerdings bereits von dem expandierenden Wort *oft* verdrängt worden. Im Weserraum und Richtung Niederrhein kann man es auf unserer Karte bereits gut erkennen. Auffällig ist, dass auch der Großteil des Münsterlandes aus dem überregionalen *faken*-Gebiet ausschert. Vermutlich hat man zunächst in der Stadt Münster die neue (und vielleicht für feiner gehaltene) Form *oft* übernommen und diese dann ins Umland weitergegeben. Das Wort *mannigmaol* ist vor allem im Sieger- und Sauerland üblich, wo es eben mehr als nur „manchmal" bedeutet. Kleinräumiger sind schließlich *lang* und *vil* im Kreis Siegen-Wittgenstein und *vull* im Norden des Kreises Steinfurt belegt. Das Wort *vull* bedeutet eigentlich „voll", hat aber vor allem im Münsterland vielfach auch die Bedeutung „viel" angenommen, woraus sich teils dann die Bedeutung „oft" entwickelt hat. *He kamm vull bi us* bedeutet „er kam oft zu uns".

# Ohrwurm

Lingen
Almelo
Osnabrück
Hannover
Kniep-
tange
Gaffeltang
Minden
Weser
Vechte
Steinfurt
Ems
Herford
Bielefeld
Gaffel-
tan
Gaffeltan
Detmold
Werre
Coesfeld
Stever
Münster
Warendorf
Gütersloh
Gaffeltang
Issel
Borken
Ohren-
krüper
Gaffeltang
Werse
Ohrworm
Höxter
Lippe
Paderborn
Nethe
Hamm
Recklinghausen
Ohrtange
Gelsen-
kirchen
Bottrop
Herne
Dortmund
Unna
Soest
Alme
Möhne
Bochum
Ruhr
Diemel
Hagen
Lenne
Meschede
Frank-
ohr
Schwelm
Kassel
Düsseldorf
Lüdenscheid
Ohrworm
Bigge
Olpe
Eder
Ohrenspitzer
Ohren-
schlitzer
Lahn
Sieg
Köln
Siegen

F*orficula auricularia* ist der Gemeine Ohrwurm. Die plattdeutschen Bezeichnungen für dieses Insekt lassen sich in zwei Gruppen einteilen. Einem Teil der Wörter liegt der alte Volksglaube zugrunde, dass das Tierchen in das Ohr schlafender Menschen krieche: Auf der Karte erkennt man *Ohrworm* im Sauerland und im südlichen Teil von Ostwestfalen-Lippe sowie *Ohrenkrüper* (wörtlich „Ohrenkriecher") im Westen zwischen Coesfeld und Schwelm. Im Ohr angekommen beginnt das Tierchen angeblich, ein Loch ins Trommelfell zu beißen, daher *Ohrenpitzer* und *Ohrenschlitzer* im Kreis Siegen-Wittgenstein. Ein anderer Teil der Wörter bezieht sich auf die auffällige pinzettenartige Zange am Hinterleib der Insekten. Solche Wörter sind im nördlichen Teil Westfalens verbreitet: *Knieptange* („Kneifzange") und *Gaffeltange* (wörtlich „Gabelzange"). Eine volksetymologische Umdeutung von *Gaffeltange* ist *Gaffeltan* (wörtlich „Gabelzahn"). Eine Kreuzung der nördlichen „Zangen"-Wörter mit den südlichen „Ohr"-Wörtern ist *Ohrtange* im Übergangsbereich zwischen Lippe und Ruhr (vgl. Foerste 1958, 61). Die Wörter *Gaffeltange, Gaffeltan, Knieptange* und *Ohrtange* haben gemeinsam, dass sie neben „Ohrwurm" auch „streitsüchtige, rechthaberische Frau" bedeuten können. (Unsere männlichen Vorfahren haben eine große Zahl an Wörtern für Frauen, die nicht ihrem Ideal einer folgsamen, fleißigen und stillen Hausfrau entsprachen, im plattdeutschen Wortbestand hinterlassen.) Eine kleinregionale Besonderheit ist schließlich *Frankohr* (daneben auch *Frangelte* und *Ohrfrangel*), das zu *Frange* zu stellen ist, einem Wort für eine Blutkrankheit der Schweine.

# Pulswärmer

Lingen
Almelo
Osnabrück
Hannover
Fristhansken
Minden
Puls-
wärmer
Weser
Herford
Frist-
wärmer
Steinfurt
Vechte
Ems
Litt-
hansken
Bielefeld
Litt-
ärmel
Berkel
Münster
Warendorf
Gütersloh
Werre
Detmold
Coesfeld
Stever
Muffen
Borken
Issel
Werse
Litthansken
Höxter
Pulswärmer
Lippe
Paderborn
Nethe
Recklinghausen
Hamm
Gelsen-
Vörmoggen
Bottrop
Herne
kirchen
Dortmund
Unna
Vör-
Soest
Alme
Sträuper
Bochum
Möhne
Ruhr
Diemel
Vörhansken
Hagen
Lenne
Meschede
Kassel
Schwelm
moggen
Düsseldorf
Lüdenscheid
Muffen
Bigge
Olpe
Eder
Stuchen
Lahn
Köln
Sieg
Siegen

Ein Kleidungsstück, das in den kalten Herbst- und Wintertagen oft zum Einsatz kommt, sind die Pulswärmer. Sie bedecken das Handgelenk und einen Teil der Hand und sind zumeist aus Wolle gestrickt. Die Karte zeigt eine große Vielfalt an Bezeichnungen in den westfälischen Mundarten. Am weitesten verbreitet ist *Litthansken* (oder auch *Letthansken*), das in weiten Teilen Ostwestfalens, aber auch zwischen Tecklenburg und Münster üblich ist. *Litt* entspricht dem hochdeutschen *Glied* (nur ohne *Ge*-Vorsilbe), *Hansken* sind Handschuhe. In *Fristhansken,* das in der nordöstlichen Ecke Westfalens vorkommt, steckt das Wort *Wrist,* das vor allem „Handwurzelgelenk" bedeutet. *Vörmoggen* (oder auch *Vörmauen, Vörmaugen*) sagt man um Recklinghausen und Herne, in der Hellwegregion und in großen Teilen des Sauerlandes. *Maue* ist ein altes Wort für den Ärmel von verschiedenen Kleidungsstücken. In der Kontaktzone zwischen *Vörmoggen* und *Litthansken* hat sich kleinräumig die Form *Vörhansken* als „Kompromissform" entwickelt. Relativ weit verbreitet ist das Wort *Muffen* (oder auch die Verkleinerungsform *Müffkes*) im Märkischen Raum und im Westmünsterland. Das Wort *Muff* (für Handwärmer aus Pelz) kennen wir auch im Hochdeutschen; die *Muffe* ist nicht nur der Pulswärmer, sondern auch das Verbindungsstück für Rohrenden. In Teilen des Münsterlandes und südlich von Minden ist das hochdeutsche Wort *Pulswärmer* gebräuchlich. Im Raum Bochum – Dortmund sagt man auf Platt *Sträuper.* Dieses Wort gehört zum Tätigkeitswort *sträupen,* das „abstreifen" oder Ähnliches bedeutet. Im Siegerland und in angrenzenden Regionen des Sauerlandes ist schließlich *Stuchen* (oder niederdeutsch *Stiuken*) üblich. Zumindest früher war auch im Hochdeutschen die Form *Stauche* für den Pulswärmer bekannt. Das Wort gehört zu *stauchen / stuken.*

# Purzelbaum

Lingen
Almelo
Osnabrück
Hannover
Minden
Kopp-
üöwer
Weser
Herford
stolter-
Steinfurt
Vechte
Ems
Koppster-
bolter
Berkel
Coesfeld
Bielefeld
Koppster-
bolter
läkster
Werre
Detmold
Münster
Warendorf
Gütersloh
Stever
Issel
Borken
Kusselkopp
Werse
boltern
Kopp-
üöwer
Höxter
Paderborn
Lippe
Stolterbuck
Nethe
Recklinghausen
Hamm
Gelsen-
kirchen
Bottrop
Herne
Dortmund
Unna
Eibuck
Stolterbolter
Soest
Kusselkopp
Alme
Möhne
Bochum
Ruhr
Stolterbuck
Diemel
Mai-
buck
Hagen
Lenne
Meschede
Schwelm
Kassel
Düsseldorf
Lüdenscheid
Purzel-
Buck
baum
Bigge
Olpe
Dutzel-
baum
Eder
Lahn
Sieg
Siegen
Köln

Ist es eine Turnübung, nennt man es *Rolle vorwärts,* ist es ein Kinderspaß, sagt man *Purzelbaum.* Erst purzelt man, dann bäumt man sich wieder auf. In den westfälischen Mundarten gibt es hierfür eine sehr große Zahl an phantasievollen Bezeichnungen. Die häufigsten sind auf der Karte verzeichnet. Für das Aufbäumen steht der Wortbestandteil *Baum,* der vor allem im Hochsauerland und im Siegerland vorkommt: *Dutzelbaum / Tutzelbaum* (zu *tutzen* „sich den Kopf stoßen") und *Purzelbaum* oder ähnlich. Weil man über den Kopf rollt, wird auch das Wort *Kopp* häufig als Baustein verwendet: *Kusselkopp* (zu *kuëseln* „wirbeln, drehen") ist relativ weit verbreitet, *Koppüöwer* zwischen Minden und Herford sowie im Raum Höxter. Vor allem im Nordteil Westfalens sind *Koppsterbolter* und *Stolterbolter* üblich. Hierin steckt *boldern* (*bollern, bullern* usw.), die niederdeutsche Entsprechung von *poltern.* In Südwestfalen wird häufig der Ziegenbock herangezogen, der ja dafür bekannt ist, dass er mit den Hinterbeinen ausschlägt: *Buck, Eibuck* (zu *Aue* „Lamm"), *Maibuck, Stolterbuck* (zu *stoltern* „stolpern"). Ein weiteres Tier kommt im Kreis Lippe ins Spiel, die *Iäkster,* das ist die Elster, die vielleicht wegen ihres hoppelnden Gangs an den Purzelbaum denken lässt. Nicht auf der Karte erscheinen die weniger häufig gebrauchten Wörter für den Purzelbaum, wie etwa *Ärsüöwer-kopp, Bolz, Holsterbuck, Kabolz, Koppheister, Kopp-üöwer-ärs, Maibaum, Polterärs, Ratzeköpper, Trummelbutze* und *Trummelkopp.* Einen Purzelbaum machen heißt auf Platt für gewöhnlich *schaiten* („schießen") oder *schlohn* („schlagen"). Wie auf der Karte zu sehen, wird in einem Teil Westfalens üblicherweise nur die Durchführung des Purzelbaums bezeichnet, nicht der Purzelbaum selbst: In einem größeren Gebiet zwischen Gronau und Gütersloh sagt man *stolterboltern.* Auch *stolterbucken* (im *Stolterbuck*-Gebiet) und *koppsterboltern* (im *Koppsterbolter*-Gebiet) kommen vor.

# Regenwurm

Lingen
Almelo
Osnabrück
Hannover
Miek(e)
Minden
Riägen-
worm
Weser
Herford
Steinfurt
Ems
Vechte
Bielefeld
Berkel
Pieleworm
Miek(e)
Ems
Werre
Detmold
Coesfeld
Stever
Münster
Warendorf
Gütersloh
Pier(e)
Borken
Issel
Pierke
Werse
Riägen-
worm
Paderborn
Höxter
Lippe
Lippe
Nethe
Recklinghausen
Hamm
Riägenworm
Gelsen-
Bottrop
kirchen
Herne
Dortmund
Unna
Soest
Alme
Möhne
Bochum
Ruhr
Slieke
Diemel
Hagen
Lenne
Ruhr
Meschede
Schwelm
Kassel
Düsseldorf
Lüdenscheid
Lenne
Bigge
Olpe
Eder
Köln
Lahn
Sieg
Siegen

Zu den nützlichen Helfern im Garten wird der Regenwurm gezählt, der zumeist im Erdboden lebt. Eine genaue niederdeutsche Entsprechung des Wortes *Regenwurm* ist in großen Teilen Ostwestfalens, im Ostteil des Sauerlandes und des Siegerlandes sowie in der Gegend um Hamm üblich. Dort heißt dieses Tier *Riägenworm, Reenworm* oder ähnlich. Diese Formen sind vom Hochdeutschen beeinflusst. Das Wort kommt auch in einem Sagwort (aus Rheine) vor: *Men mott sick te helpen wiëten, sach de Düwel, do bünn'e de Schoe mitt'n Riangenwurm to.* („Man muss sich zu helfen wissen, sagte der Teufel, da band er die Schuhe mit einem Regenwurm zu.") Im Großteil von Westfalen-Lippe sind andere Bezeichnungen üblich. Im westlichen Münsterland wird auf Platt *Pier* oder *Piere* gesagt. Wenn man sehr mager ist, dann ist man (in der Bauerschaft Köckelwick bei Vreden) *so schraoh at ne Piere.* Das Wort hat das Niederdeutsche mit dem Niederländischen gemeinsam (vgl. Foerste 1958, 3). Vor allem im Kreis Gütersloh kommt *Pierk* vor, das von *Pier* abgeleitet ist. In weiten Teilen des Münsterlandes heißt der Regenwurm auf Platt *Pieleworm* oder auch *Pielworm,* das vermutlich ebenfalls auf *Pier* gründet. *Miek* (oder *Mieke*) ist im Ravensberger Land und im Norden des Kreises Minden-Lübbecke verbreitet. Das Wort geht auf mittelniederdeutsch *medeke* zurück und gehört zu *Made.* In einem großen Gebiet etwa zwischen Warendorf und Siegen ist schließlich *Slieke, Schluike* oder (im Siegerland) *Schlieche* für den Regenwurm üblich. Als Wort für die Blindschleiche ist es auch darüber hinaus verbreitet. Es gehört zum Tätigkeitswort *slieken* („schleichen").

# schimpfen

Lingen
Almelo
Osnabrück
Hannover
Minden
schennen
schellen
Steinfurt
Weser
Herford
Bielefeld
schellen
schimpen
Ems
Coesfeld
Münster
Warendorf
Gütersloh
Werre
Detmold
Borken
Werse
Paderborn
Höxter
Lippe
Hamm
Recklinghausen
schennen
Gelsen-
kirchen
Bottrop
Herne
Dortmund
Unna
Soest
Möhne
Bochum
Ruhr
Hagen
Lenne
Meschede
Schwelm
Lüdenscheid
schengen
Düsseldorf
Kassel
Olpe
Eder
schellen
Köln
Lahn
Sieg
Siegen
schellen
Vechte
Berkel
Stever
Issel
Alme
Nethe
Diemel
Bigge

Wenn jemand schimpft, dann kann das (mindestens) zweierlei bedeuten: Diese Person weist jemanden zurecht, und zwar meist laut und deutlich. Oder diese Person äußert ihren Ärger, und das zumeist ebenfalls laut und deutlich. Diese beiden Bedeutungen haben auch die plattdeutschen Wörter für „schimpfen" in Westfalen-Lippe. Zum einen wäre das *schimpen,* die genaue lautliche Entsprechung von *schimpfen.* Dieses Wort ist allerdings nur in einem großen Schlengel von Rheine bis Hamm üblich. Im nördlichen Teil von Ostwestfalen-Lippe sowie in Teilen des Kreises Siegen-Wittgenstein sagt man auf Platt *schellen* oder auch *schailen.* Hier ist die Lautkombination *ld* zu *ll* angeglichen worden, denn das Wort geht auf älteres *schelden* zurück, was dem hochdeutschen *schelten* entspricht. Das Wort *schelten* wird als gehoben empfunden, im Plattdeutschen ist *schellen* allerdings der normale Ausdruck für das Schimpfen. Im Großteil Westfalens gilt *schennen.* Das Wort könnte man eigentlich besser mit *ä* schreiben, denn es gehört zum Hauptwort *Schande.* Das hochsprachliche Tätigkeitswort *schänden* weist allerdings nicht die Bedeutung „schimpfen" auf. Die Lautvariante *schengen* ist durch eine Verlagerung der Zunge bei der Aussprache entstanden; sie gilt nicht nur im Sauerland, Siegerland und im südlichen Ostwestfalen, sondern auch im benachbarten Rheinland.

# Schmetterling

Schaut man sich im Westfälischen Wörterbuch an, zu welchen Begriffen sich besonders viele Bezeichnungen finden lassen, fallen immer wieder die kleinen Tiere, besonders die Insekten, auf. Auch für den Schmetterling gibt es in den westfälischen Mundarten sehr viele Wörter. Die nebenstehende Karte zeigt nur einige davon, und zwar die, die gebietsbildend sind, wie man so schön sagt. Am verbreitetsten sind Zusammensetzungen mit *Vuëgel,* und zwar *Summervuëgel* (Sommervogel) im Westen, Süden und im Paderborner Land, *Sunnenvuëgel* (Sonnenvogel) zwischen Gütersloh und dem Sauerland und *Maivuëgel* (Maivogel) im äußersten Nordosten von Westfalen-Lippe. Diese Wörter zeigen an, dass die Schmetterlinge nur im Frühjahr und im Sommer zu sehen sind. Die Wörter *Filderte,* das vor allem im Märkischen Kreis vorkommt, und *Pipolter,* das in erster Linie um Winterberg und Medebach bezeugt ist, stammen beide von dem Wort *Fifolder* ab, das im Laufe der Zeit vielfach umgestaltet worden ist. Auch das hochdeutsche Wort *Falter* geht auf dieses Wort zurück, die ältere Form im Hochdeutschen lautet *Fifalter.* Das münsterländische Wort *Flüdderske* und das lippische Wort *Flidderk* lassen sich dagegen auf ein Tätigkeitswort zurückführen, das auch in *Fledermaus* zugrunde liegt und mit *flattern* verwandt ist. Das im Raum Minden-Ravensberg beheimatete *Flüggel* gehört zum Eigenschaftswort *flügge,* das letztlich auf *fliegen* zurückgeht. *Wiëmel* im Süden des Kreises Höxter ist verbreiteter als Wort für den Käfer. Es bezieht sich auf die Beweglichkeit des Insekts. Eine weitere Variante findet sich im Werk des münsterländischen Dialektdichters Augustin Wibbelt (1862–1947): *Flüggeske.* In dem Gedicht *De Flüggesken* aus dem Gedicht-Band *Aobend-Klocken* fragte er schon 1934 mit Blick auf die Verwendung von phosphatreichem Düngemittel in der Landwirtschaft: *Guott, wo sind de Flüggesken bliebben? Well hät us dat Tüg verdriebben, All dat lustige Spiell?*

# Schuhband

Lingen
Almelo
Osnabrück
Hannover
Schnörband
Minden
Weser
Schneuer-
bänd
Herford
Bielefeld
Steinfurt
Vechte
Ems
Berkel
Coesfeld
Stever
Münster
Warendorf
Gütersloh
Werre
Detmold
Schohreimen
Borken
Issel
Schohband
Werse
Scheureumen
Paderborn
Höxter
Lippe
Nethe
Recklinghausen
Hamm
Schnörband
Gelsen-
kirchen
Bottrop
Herne
Dortmund
Unna
Soest
Alme
Möhne
Bochum
Ruhr
Schnör-
remen
Diemel
Hagen
Lenne
Meschede
Schwelm
Kassel
Düsseldorf
Lüdenscheid
Schuh-
rimmen
Schauraimen
Olpe
Eder
Schnür-
riemen
Lahn
Sieg
Siegen
Köln

M*ach mal dein Schuhband zu!* Einen solchen Satz finden viele ganz normal, andere wundern sich und sind der Meinung, es müsste doch *Schnürsenkel* heißen. Über solche Wortverschiedenheiten zu streiten ist müßig. Ein sehr entscheidender Faktor in der Sprache ist nun mal der Raum. Das Wort *Schuhband* ist ein recht unauffälliger Regionalismus, der vor allem dort verwendet wird, wo man auf Plattdeutsch auch *Schohband* sagt. Die nebenstehende Karte fußt auf Fragebogendaten aus den 1930er Jahren. Sie zeigt, dass im Plattdeutschen die Variante *Schohband* im Münsterland und im Tecklenburger Land verwendet wird, außerdem in Teilen des Kreises Soest und im Osten bis ins Lippische. Recht häufig heißt es neben *dat* auch *de Schohband,* denn das Wort *Band* ist im Plattdeutschen ursprünglich ein Maskulinum. In weiten Teilen von Süd- und Ostwestfalen sagt man dagegen *Schnörband, Schneuerbänd* oder ähnlich, in dem das Tätigkeitswort *schnören* (zu *Schnor* „Schnur“) steckt. Dazu gesellen sich dann noch *Schohremen, Schauraimen* oder ähnlich im Westmünsterland, im südlichen Sauerland und im Kreis Höxter sowie *Schnörremen* oder *Schnürriemen* im Ennepe-Ruhr-Kreis und im Siegerland. Somit sind alle Kombinationsmöglichkeiten von *Schuh, schnüren, Band* und *Riemen* vertreten. Aber was ist jetzt mit *Schnürsenkel?* Das Wort *Senkel* gehört zu *sinken;* ein Schnürsenkel ist eigentlich eine mit Metall beschwerte Schnur. *Schnürsenkel* heißt das Schuhband in den örtlichen Mundarten eines recht großen Gebietes östlich einer gedachten Linie Usedom – Magdeburg – Erfurt – Chemnitz, also ganz woanders.

# Schulanfänger

Wenn für die Kinder „der Ernst des Lebens“ beginnt, werden sie *Schulanfänger* oder *Erstklässler* genannt, in Westfalen darüber hinaus auch *I-Männchen.* Dieses Wort ist, wie viele Wörter der alltäglichen Sprache in Westfalen, eine Übernahme aus dem westfälischen Platt, wo es *I-Männkes* oder *I-Männekes* heißt. Diese Bezeichnung rührt daher, dass die Schulanfänger ihre Schreibübungen früher mit dem kleinen *i* begannen. Die Schreib-Fibel der I-Männchen hieß auf Platt daher *I-Book* – nicht zu verwechseln mit dem digitalen E-Book. In Ostwestfalen-Lippe kommen noch weitere Bezeichnungen vor: In Minden-Lübbecke sagt man etwa *de Lüttken* oder *de lüttken Schölers.* In dieser Region wird anstelle von *klein* das Wort *lüttk* verwendet, das mit englisch *little* verwandt ist. Vor allem aus Lippe wird die Bezeichnung *ABC-Schützen* gemeldet, sie ist auch in der regionalen Alltagssprache Deutschlands weit verbreitet. Verstreut kommen noch weitere Wörter vor, die nicht auf der Karte eingetragen sind: *I-Krötkes, I-Püngels* und *I-Pummels.* Oft handelt es sich dabei um herablassende Bezeichnungen der älteren Schüler für die Neulinge.

# sehr

Lingen
Almelo
Osnabrück
Hannover
heller
düchtig
Minden
Weser
Ems
Steinfurt
Vechte
Herford
diärwe
Bielefeld
düëd
Berkel
Ems
Werre
Detmold
Coesfeld
Stever
Münster
Warendorf
Gütersloh
düchtig
Issel
Borken
wahne
Werse
düchtig
Paderborn
Höxter
Lippe
Nethe
Recklinghausen
Hamm
feste
Gelsen-
kirchen
Bottrop
Herne
Alme
Dortmund
Unna
Soest
Möhne
Bochum
Ruhr
düchtig
Diemel
Hagen
Lenne
Ruhr
Meschede
Schwelm
Kassel
Düsseldorf
Lüdenscheid
düchtig
Lenne
Bigge
Olpe
Eder
Lahn
Köln
Sieg
Siegen

Um Material für das Westfälische Wörterbuch zu sammeln, hat man vor allem in den 1930er- und 1940er-Jahren Fragebogen an freiwillige Mitarbeiterinnen und Mitarbeiter versandt. Zumeist wurde nach den plattdeutschen Entsprechungen einzelner Wörter gefragt, bisweilen wurden aber auch ganze Sätze zum Übersetzen vorgelegt. Im Fragebogen Nr. 10 findet sich der Satz: „Er hat sehr auf uns geschimpft.“ In den mundartlichen Übersetzungen dieses Satzes finden sich unterschiedliche Entsprechungen des Adverbs „sehr“, das zur Verstärkung eingesetzt wird („in hohem Maße, besonders“). In diesem Fall wird ein Tätigkeitswort verstärkt. Die nebenstehende Karte zeigt die häufigsten plattdeutschen Varianten. Am weitesten verbreitet ist *wahne*, das tatsächlich mit dem Wort *Wahn* zusammenhängt. Die Geistesgestörtheit dient häufig als Quellbereich für Verstärkungen: Man kann sich zum Beispiel *irre / irrsinnig / wahnsinnig* oder *wie verrückt freuen.* Im Plattdeutschen kann man auch *unwies* so verwenden (nicht auf der Karte): So sagt man in Steinhagen-Brockhagen (Kreis Gütersloh) beispielsweise bei Kälte, *et is unwuis kault.* Ebenfalls weit verbreitet ist das Wort *düchtig* in dieser Funktion („tüchtig“); dazu kommt im mittleren Bereich von Ostwestfalen-Lippe *düëd* (von *düëged*), das ebenfalls zu *taugen* gehört. Weitere Varianten sind *feste* im Paderborner Land und *heller* (zu *hell*) im nördlichen Kreis Steinfurt. Im Ravensberger Land schließlich sagt man auf Platt oft *diärwe* („derb“): *Hei hätt derwe up us schuollen.*

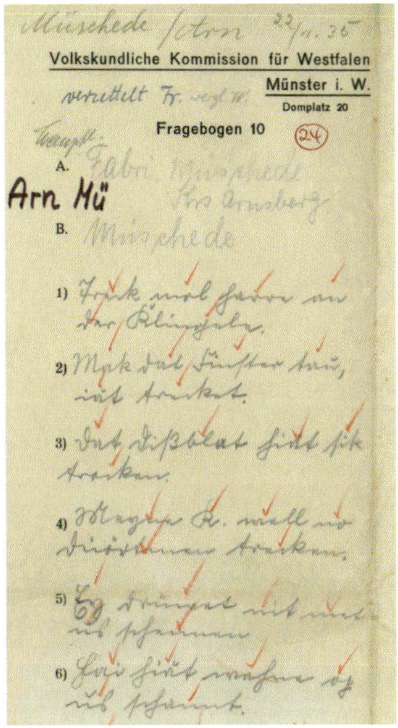
Volkskundliche Kommission für Westfalen
Münster i. W.
Domplatz 20
Fragebogen 10
A.
B.
1)
2)
3)
4)
5)
6)

Ausschnitt aus einem Fragebogen-Formular, das im Jahr 1935 für die Ortsmundart von Arnsberg-Müschede ausgefüllt wurde. Unter der Nummer 6 ist zu lesen: *Hai hiët wahne op us schannt.* („Er hat sehr auf uns geschimpft.)

# Spekulatius

Der Spekulatius – das zu Weihnachten sehr beliebte knusprige Gebäck, das mit reliefartigen Figuren versehen ist – heißt im westfälischen Platt größtenteils *Spekulatië*. Dieses Wort ist vermutlich aus dem Niederländischen entlehnt worden. Es wird angenommen, dass das so bezeichnete Backwerk auch als Tischschmuck verwendet wurde. Das niederländische Wort *speculatie* bedeutet eigentlich „Beschauung" und dann auch „Wohlgefallen" und geht auf lateinisch *speculatio* („Betrachtung, Beschauung") zurück. Im westlichen Teil Südwestfalens ist außerdem die verkürzte Form *Spekulatz* üblich, die latinisierte Form *Spekulatius* ist vor allem im Westteil Westfalens gebräuchlich. Dazu kommen einige kleinräumig verbreitete Wörter: Im westlichen Münsterland sagt man *Klaoskerlken* zum Spekulatius (wie auch zu Festtagsgebäck aus Weißbrotteig). Dort waren früher Nikolausfeiern üblicher als Weihnachtsfeiern. In der Soester Börde wird das Wort *Hertebock* verwendet. Hier zeigten die Spekulatius demnach häufig einen Hirschbock. Im Ennepe-Ruhr-Kreis findet man das Wort *Zuckertüüch* (wörtlich „Zuckerzeug"), das zwar für verschiedene süße Backwaren, aber besonders für Spekulatius verwendet wird. Zu guter Letzt finden wir im Sauerland um Attendorn, aber auch bis hin zum rheinischen Gummersbach die Bezeichnung *Tedelitken*. Verbreitet sind auch die Varianten *Täiderlitken, Tiddelitken* und *Teeletterken*. Die Herkunft dieses Wortes liegt leider im Dunkeln. Als ein Teegebäck, das einen Buchstaben (*Letter*) zeigt, kann allein die Form *Teeletterken* aufgefasst werden. In der Soester Börde ist man sich sicher: *Dai Wuinachtsmann brenget Herteböcke joidermann.*

# Wald

Lingen
Almelo
Osnabrück
Hannover
Busk
Holt
Minden
Holt
Ems
Weser
Vechte
Steinfurt
Herford
Bielefeld
Berkel
Ems
Coesfeld
Stever
Münster
Warendorf
Gütersloh
Werre
Detmold
Issel
Borken
Busk
Werse
Holt
Paderborn
Höxter
Lippe
Lippe
Nethe
Recklinghausen
Hamm
Gelsen-
kirchen
Bottrop
Herne
Wald
Soest
Alme
Dortmund
Unna
Möhne
Bochum
Holt
Ruhr
Diemel
Hagen
Lenne
Ruhr
Meschede
Schwelm
Kassel
Biärg
Düsseldorf
Lüdenscheid
Lenne
Bigge
Olpe
Eder
Lahn
Köln
Sieg
Siegen

In Westfalen-Lippe gibt es noch zahlreiche Wälder, vor allem im Sauerland, wo der Anteil der Waldflächen an der Gesamtfläche über 50 % beträgt. Die plattdeutschen Bezeichnungen für den Wald sind vielfältig: Im Sauerland nennt man den Wald auf Plattdeutsch *Biärg*. Die Bedeutung des Wortes *Biärg* ist dort aufgrund des „Nachbarschaftsverhältnisses" von Berg und Wald ausgeweitet worden (Metonymie). Das Wort *Wald* gab es im westfälischen Platt zunächst nicht. Es ist hier verstreut belegt, lediglich in der Soester Börde zeigt die Karte eine gewisse Konzentration. Im Münsterland wird der Wald auf Platt *Busk* genannt. Wie auf vielen Wortkarten zeigt sich auch hier die besondere Nähe des westlichen Teils von Westfalen zu den Niederlanden, denn dort heißt der Wald *bos*. In Ostwestfalen-Lippe und im Hellwegraum nennen die Menschen den Wald auf Platt *Holt*. Auch hier hat eine Bedeutungserweiterung stattgefunden, die „Stoffbezeichnung" *Holt* wird auch für die Flächen verwendet, die diesen „Stoff" liefern. *Busk, Biärg* und *Holt* werden in ihrer jeweiligen Region auch in der bekannten Redensart verwendet: *Wu man in't Holt harin röppt, so kümmt et wier harut.*

# warten

Lingen
Almelo
Osnabrück
Hannover
Minden
Weser
Herford
Steinfurt
Ems
Vechte
Berkel
Bielefeld
Detmold
luren
Werre
Coesfeld
Münster
Warendorf
Gütersloh
Stever
töwen
Issel
Borken
wochten
Werse
Paderborn
Höxter
Lippe
Nethe
Recklinghausen
Hamm
Gelsen-
kirchen
Bottrop
Herne
Dortmund
Unna
Soest
Alme
Möhne
Bochum
Ruhr
wachten
Diemel
Hagen
Lenne
Meschede
Schwelm
Kassel
Düsseldorf
Lüdenscheid
Bigge
Olpe
Eder
warten
Lahn
Köln
luren
Sieg
Siegen

Man kann es geduldig oder ungeduldig tun, gespannt oder gar sehnsüchtig, manchmal muss man es leider stundenlang oder vergeblich tun: warten. Im westfälischen Platt ist hierfür das Wort *wachten* am weitesten verbreitet. Es ist eine Ableitung vom Hauptwort *Wacht*. Das Tätigkeitswort *wachten* bedeutete ursprünglich also „Wache halten, bewachen". Diese Bedeutung haben auch die entsprechenden Wörter im Schwedischen (*vakta*) und im Dänischen (*vogte*) bewahrt. Im Niederdeutschen und Niederländischen hat *wachten* die Bedeutung „warten" entwickelt (vgl. Foerste 1958, 89). Das Wort ist in Norddeutschland heute auf den Westrand beschränkt, also nur noch in der Nähe der niederländischen Staatsgrenze verbreitet. Im Münsterländischen und im Märkischen erscheint die Lautvariante *wochten. Up mi wocht nümms,* sagt man im Westmünsterland, was so viel heißt wie „ich lebe allein". In Ostwestfalen-Lippe ist dagegen das Wort *töwen* üblich. Es bedeutete zunächst „anhalten, innehalten". Das bekannte Sprichwort lautet etwa in Detmold-Heidenoldendorf (Kreis Lippe) daher: *Wer toiben kann, kriggt äuk en Mann,* „wer warten kann, kriegt auch einen Mann". Unser hochdeutsches Wort *warten* hatte ursprünglich die Bedeutung „hinblicken". Es hat sich im Süden von Westfalen-Lippe eingebürgert. Hier und da, am deutlichsten in Teilen des Siegerlandes und Lippes, sagt man auf Platt *luren*. Hierbei hat sich die Bedeutung „warten" aus der Bedeutung „spähen, lauern" entwickelt. Oft wird es zusammen mit *up* gebraucht, wie in der verbreiteten Redensart *dao lur up!,* was in etwa „darauf kannst du lange warten!" bedeutet.

# wer

Lingen
Almelo
Osnabrück
Hannover
wer
well
wen
Minden
wecker
Steinfurt
Vechte
Ems
Weser
we
Herford
Bielefeld
wer
Berkel
well
Münster
Ems
Warendorf
Gütersloh
Detmold
Werre
Coesfeld
Stever
Issel
Borken
Werse
Höxter
we
Paderborn
wai
Lippe
Lippe
Nethe
Recklinghausen
Hamm
Gelsen-
kirchen
Bottrop
Herne
Dortmund
Unna
Soest
Alme
Möhne
we
Bochum
Ruhr
wecker
Diemel
bai
Hagen
Lenne
Ruhr
Meschede
Schwelm
Kassel
Lüdenscheid
Düsseldorf
Lenne
Bigge
Olpe
Eder
Lahn
Köln
Sieg
Siegen

Auch bei Fragewörtern zeigen sich in den westfälischen Mundarten beträchtliche räumliche Unterschiede. Die Karte zeigt die Varianz beim Fragewort „wer". Abgefragt wurde es im Jahr 1922, als die ersten Fragebogen für das Westfälische Wörterbuch verschickt wurden. Die Form *wer* mit *-r* ist nur im Lippischen und benachbarten Ravensbergischen üblich, vermutlich ist hier hochdeutscher Einfluss im Spiel. Auch über Westfalen hinaus ist *we* die üblichste Form im Niederdeutschen. Hierbei ist das auslautende *-r* weggefallen. Der Wegfall des auslautenden *-r* bei Fürwörtern im Niederdeutschen ist schon sehr alt; man kann ihn auch bei *ji* „ihr", *wi* „wir" und *he* „er" beobachten. In Westfalen finden sich vielerorts auch diphthongierte Varianten (also mit einem Zwielaut) wie *wai,* etwa im Kreis Höxter. Eine sauerländische Besonderheit sind mit *b-* anlautende Fragewörter, neben *bai* „wer" etwa auch *biu* „wie" oder *bat* „was". Neben dem einfachen Fragewort wurde auch eine zusammengesetzte Form verwendet, die im Mittelalter *welk-êr* lautete. Sie bedeutete eigentlich „welcher ihrer", also „wer von ihnen". Daraus entstand *welker,* was nach dem Wegfall des *l* heute *wecker* ausgesprochen wird. Diese Form ist in einem Streifen vom Tecklenburger Land über den Kreis Gütersloh bis ins märkische Sauerland üblich. Daneben gibt es auch die Form *wicker.* Auf *welk* geht auch *well* zurück. Diese Variante ist vornehmlich im Münsterland bezeugt: *Well is hier de Baas?* („Wer ist hier der Meister?") ist beispielsweise aus Rheine (Kreis Steinfurt) belegt. Vermutlich ist in *well* die Konsonantenfolge *lk* im Laufe der Zeit zu *ll* assimiliert, also angeglichen worden.

# ziehen

Lingen
Almelo
Osnabrück
Hannover
Minden
Weser
Herford
Bielefeld
Detmold
Werre
Ems
Steinfurt
Vechte
Berkel
Coesfeld
Stever
Münster
Warendorf
Gütersloh
teihn
Höxter
Issel
Issel
Borken
trecken
Werse
Paderborn
Lippe
Lippe
Nethe
Recklinghausen
Hamm
Gelsen-
kirchen
Bottrop
Herne
Dortmund
Unna
Soest
Alme
Möhne
Bochum
Ruhr
Diemel
Hagen
Lenne
Ruhr
Meschede
Schwelm
Kassel
Düsseldorf
Lüdenscheid
Lenne
Bigge
Olpe
Eder
Lahn
Köln
Sieg
Siegen

Die Karte zeigt eine recht klare Verteilung von zwei großräumig verbreiteten Wörtern: *trecken* und *teihn*. Das Wort *teihn* ist die plattdeutsche Entsprechung des hochdeutschen *ziehen*. Es ist im Hochsauerland und in Ostwestfalen-Lippe verbreitet. Das Wort *trecken* ist in großen Teilen Norddeutschlands und auch im Niederländischen gebräuchlich. Es ist wahrscheinlich mit dem Tätigkeitswort *tragen* verwandt. Auf *trecken* gehen auch *Treck* „Siedlerzug" und *Trecker* „Zugmaschine" zurück. Aber so klar ist die Verteilung in Wahrheit gar nicht: Die Karte beruht auf Übersetzungen des Satzes „Meine Cousine will nach Dortmund ziehen", wo es also um die Verlegung des Wohnsitzes geht. Dieser Satz heißt in Röckinghausen bei Rheda-Wiedenbrück (Kreis Gütersloh) auf Platt *Mine Nichte will no Düörpen täien.* Aber zu „zieh mal an der Schelle" sagt man dort *treck mol an de Klingel.* In Finnentrop (Kreis Olpe) sagt man *Meine Kusine well nao Düörpen trecken,* aber „die Tischplatte hat sich gezogen" – hier geht es um eine ungünstige Formveränderung des Möbelstücks – heißt *dei Dischplatte het sick tuon.* Daran sieht man, dass sprachliche Dynamik im Spiel ist: Das Wort *trecken* hat sich von Westen aus in Westfalen ausgebreitet. Und das hier zunächst verbreitete *teihn* wurde dabei graduell, also nach und nach ersetzt. So kommt es, dass an einigen Orten entlang der „Grenzlinie" beide Wörter in Gebrauch sind, und das nach Bedeutung differenziert. Noch deutlicher wird dies bei „es zieht": Wenn es um Zugluft geht, sagt man auch im Münsterland, im Hellwegraum und im Märkischen sehr häufig *et tüht!* Hier konnte sich *trecken* am wenigsten durchsetzen. Ganz am Westrand, wo man nur *et tüht* sagt, sonst aber *trecken,* hat sich auf der Grundlage von *et tüht* teilweise ein neuer Infinitiv (Nennform) gebildet, und zwar *tühn.*

# Nachwort

„Woher weiß man das eigentlich so genau?“ Und „wie kann ich mich über weitere Wörter informieren?“ – Diese Fragen mögen am Ende dieses Buches im Raum stehen.

Das umfassendste Nachschlagewerk zum westfälischen Wortschatz ist das „Westfälische Wörterbuch“. Dies ist ein fünfbändiges wissenschaftliches Wörterbuch, in dem das Niederdeutsche in Westfalen-Lippe ausführlich beschrieben wird. Man findet dort Angaben über die verschiedenen Bedeutungen, die Vielfalt in der Lautung und der Bildung der Wörter sowie zahlreiche Beispiele, vor allem Redensarten und Sprichwörter. Das Wörterbuch enthält Informationen über nahezu 90.000 Stichwörter. Es ist auch frei im Internet verfügbar, und zwar im Portal „Wörterbuchnetz“ (www.woerterbuchnetz.de). In diesem Portal ist das Westfälische Wörterbuch vernetzt mit einer Reihe von anderen wissenschaftlichen Wörterbüchern, zum Beispiel mit dem Rheinischen Wörterbuch, in dem man auch viele für den westfälischen Wortschatz relevante Infos findet. Außerdem hat man in der Online-Fassung einige besondere Suchoptionen, wie beispielsweise die Möglichkeit zur Volltextsuche. Sehr viele Infos und auch Satzbeispiele in dem vorliegenden Buch stammen aus dem Westfälischen Wörterbuch.

Einige der Informationen und Belegsätze sind auch direkt dem Archiv des Westfälischen Wörterbuchs entnommen worden. Für die Erstellung des Wörterbuchs ist ab 1927 ein umfangreiches Zettelarchiv aufgebaut worden, das heute etwa 500 Kästen mit ca. 1,35 Mio. Zettel umfasst. Zusammengetragen wurde es zum einen dadurch, dass freiwillige Gewährspersonen Fragebogen ausgefüllt haben. Zum anderen wurden Erhebungen vor Ort gemacht, aus denen lautschriftliche Aufzeichnungen hervorgegangen sind. Und zum dritten sind etliche, teils umfangreiche örtliche Wortschatz-Sammlungen für das Archiv ausgewertet worden. Das Archiv liegt auch digitalisiert vor. Die Scans werden derzeit für die weitere Forschung erschlossen, denn die Zettel bieten zahlreiche wertvolle Informationen über das Plattdeutsche, die noch nicht ausgeschöpft sind.

Räumliche Charakteristika des westfälischen Wortschatzes hat William Foerste in seiner gewichtigen Untersuchung „Der wortgeographische Aufbau des Westfälischen“ behandelt (Foerste 1958). Ihm geht es darum, den wortgeographischen Aufbau der westfälischen Mundarten anhand von Kulturströmungen vergangener Zeiten zu rekonstruieren. Er thematisiert beispielsweise die Wege romanischer Wanderwörter im frühen Mittelalter, niederländische Einflüsse im 17. und 18. Jahrhundert oder die Reliktlage alter plattdeutscher Wörter im äußersten Westen in Folge von Neuerungsbewegungen aus dem Osten. Die wortgeschichtlichen Forschungen Foerstes sind in die kleinen Wortportraits oben eingeflossen.

Wenn es um einzelne Regionen und Orte innerhalb Westfalens geht, gibt es eine ganze Reihe weiterer Wörterbücher, wie beispielsweise ein Wörterbuch der Soester Börde (Schmoeckel / Blesken 1952), ein Wörterbuch der westmünsterländischen Mundart (Piirainen / Elling 1992) oder ein Wörterbuch des Dorfes Hahlen bei Minden (Frederking 1939/2005). Nicht alle kleinräumigen Wörterbücher haben sich die Dokumentation des Plattdeutschen auf die Fahne geschrieben, einige sind beispielsweise auch für den Erwerb oder den Gebrauch des Plattdeutschen gedacht. Eine Übersicht gibt es im Internet,[1] unter die Lupe genommen werden sie von Damme (2016). Die westfälischen Teilräume werden auch in den Büchern der Reihe „Westfälische Mundarten“ behandelt, hier geht es allerdings nicht nur um den Wortschatz. Erschienen sind bereits die Bände zum Münsterländischen (Denkler 2017), zum Westmünsterländischen (Kremer 2018) und zum Paderbörnischen (Tophinke / Wallmeier / Merten 2021).

Thematisch ausgerichtete Nachschlagewerke und Untersuchungen sind schließlich auch noch zu nennen, zu romanischen bzw. französischen Einflüssen (Bürger 2011, Brandes 2015), zum jiddischen Lehnwortschatz (Stern 2000) oder zu den Niederlandismen (Kremer 2002, 2014). Fachsprachlichen Wortschätzen widmen sich beispielsweise Übersichten zum Wortschatz der Landwirtschaft (Heiermeier 1914, Brandes 2022), der märkischen Drahtindustrie (Ellbracht 1970), des Holzschuhmacherhandwerks (Büld 1980) oder des Schmiedehandwerks (Bröcher 1907).

Die Sprachkarten im zweiten Teil des Buches beruhen zum einen auf den oben bereits angesprochenen Fragebogenerhebungen für das Wörterbucharchiv, zum anderen auf Karten des Deutschen Wortatlas. Bei der Kartierung ging es darum, eine möglichst zugängliche Darstellung der Verbreitungsgebiete der Wörter zu erreichen. Wer Sprachkarten aus dem ganzen deutschen Sprachraum entdecken oder mit ihnen arbeiten möchte, wird im REDE-SprachGIS des Forschungszentrums Deutscher Sprachatlas (Marburg) fündig (unter www.regionalsprache.de).

*En geot Wewwert finnt äok en geoe Stie.* „Ein gutes Wort ist immer angebracht“ (wörtlich: „Ein gutes Wort findet auch eine gute Stelle“) (Beleg aus Detmold-Heidenoldendorf, Kreis Lippe).

1 www.mundart-kommission.lwl.org/de/online-angebote/westfaelische-dialektwoerterbuecher.

# LITERATURVERZEICHNIS


Åsdahl Holmberg, Märta (1968): Einschränkende Konjunktionen im Niederdeutschen. In: Niederdeutsche Mitteilungen 24, 13–49.

Åsdahl Holmberg, Märta (1973): Zum Wortbildungstyp *nickköppen*. In: Niederdeutsche Mitteilungen 29, 42–58.

Blume, Herbert (1988): Die Partikel *man* im norddeutschen Hochdeutsch und im Niederdeutschen. In: Zeitschrift für germanistische Linguistik 16, 168–182.

Brandes, Ludwig (2015): Galloromanismen in den südwestfälischen Mundarten des Raumes Breckerfeld – Hagen – Iserlohn. In: Niederdeutsches Wort 55, 95–149.

Brandes, Ludwig (2022): Der niederdeutsche landwirtschaftliche Wortschatz im märkischen Sauerland. Wien / Köln.

Bröcher, Josef (1907): Die Sprache des Schmiedehandwerkes im Kreise Olpe auf Grund der Mundart von Rhonard. Berlin.

Büld, Bernhard (1980): Holzschuhe und Holzschuhmacherhandwerk im westlichen Münsterland. Ein Beitrag zur Geschichte und Volkskunde des westfälischen Handwerks. Vreden.

Bürger, Peter (Red.) (2011): Französische Elemente im Sauerländer Platt. Eslohe (Daunlots, 38). URL: www.sauerlandmundart.de/pdfs/daunlots%2038.pdf.

Damme, Robert (2016): Zu niederdeutschen Dialektwörterbüchern in Westfalen-Lippe. In: Niederdeutsches Wort 56, 7–32.

Damme, Robert (2021): Das Westfälische Wörterbuch (WWb). In: Alexandra N. Lenz / Philipp Stöckle (Hg.): Germanistische Dialektlexikographie zu Beginn des 21. Jahrhunderts. Stuttgart, 223–249.

Denkler, Markus (2017): Das münsterländische Platt. Münster.

Deutscher, Guy ([4]2014): Im Spiegel der Sprache. Warum die Welt in anderen Sprachen anders aussieht. München.

Deutscher Wortatlas (DWA). Von Walther Mitzka, ab Bd. 5 von Walther Mitzka und Ludwig Erich Schmitt, Bde. 21 u. 22 hg. von Reiner Hildebrandt. Gießen 1951–1980.

Ellbracht, Theodor (1970): Die Sprache der Drahtindustrie in der Grafschaft Mark. Nach dem Manuskript hg. und für den Druck überarb. von Peter Frebel. Altena.

Foerste, William (1958): Der wortgeographische Aufbau des Westfälischen. In: Hermann Aubin u.a. (Hg.): Der Raum Westfalen. Bd. 4.1: Wesenszüge seiner Kultur. Münster, 1–117 und Kartenanhang.

Foerste, William (1960): Die Tiernamen Frosch und Kröte. In: Niederdeutsches Wort 1, 13–20.

Frederking, Christian (1939/2005): Plattdeutsches Dorfwörterbuch des Dorfes Hahlen bei Minden in Westfalen. Wortschatz. Spruchweisheit. Volkskunde. Bielefeld Leipzig. Unveränd. Neuaufl. Minden.

Grober-Glück, Gerda (1959): Zur Verbreitung und Deutung des Zweiten Gesichts. Nach den Sammlungen des Atlas der deutschen Volkskunde. In: Zeitschrift für Volkskunde 55, 227–258.

Heiermeier, Bernhard (1914): Die landwirtschaftlichen Fachausdrücke Westfalens aufgrund der Mundart des Kreises Wiedenbrück. Bielefeld.

Henßen, Gottfried (Hg.) (1939): In den Uhlenflucht. Plattdeutsche Schwänke und Märchen aus Westfalen. Münster.

Hentschel, Elke (1998): Die Emphase des Schreckens: *furchtbar nett* und *schrecklich freundlich*. In: Theo Harden / Elke Hentschel (Hg.): Particulae particularum. Tübingen, 119–132.

Henzen, Walter (1954): Schriftsprache und Mundarten. Ein Überblick über ihr Verhältnis und ihre Zwischenstufen im Deutschen. Zweite, neu bearb. Aufl. Bern.

Jacot de Boinod, Adam (2006): Was heißt hier Tingo? und andere verrückte Wörter aus aller Welt. München.

Kremer, Ludger (2002): Niederländische Entlehnungen in den westfälisch-emsländischen Dialekten. In: Peter Wiesinger (Hg.): Zeitenwende – Die Germanistik auf dem Weg vom 20. ins 21. Jahrhundert. Bern u.a., 47–52.

Kremer, Ludger (2014): Niederlandismen im Westmünsterländischen (am Beispiel des Bauhandwerks). In: Niederdeutsches Wort 54, 261–272.

Kremer, Ludger (2018): Das westmünsterländische Sandplatt. Münster.

Nübling, Damaris (2019): Geschlechter(un)ordnungen in der Grammatik. Deklination, Genus, Binomiale. In: Ludwig Eichinger / Albrecht Plewnia (Hg.): Neues vom heutigen Deutsch. Empirisch – methodisch – theoretisch. Berlin / Boston, 19–58.

Otterstedt, Carola (1993): Abschied im Alltag. Grußformen und Abschiedsgestaltung im interkulturellen Vergleich. München.

Piirainen, Elisabeth (2011): *Dat is mien paoskebeste-sunndaggsnaomeddaggske Kleed.* Zur Augmentation in der westmünsterländischen Mundart. In: Guido Oebel (Hg.): Wörterbuch der Volkssuperlative: von *aalglatt* bis *zappenduster.* Teil II: Begleitband: Bestandsaufnahme der deutschsprachigen Volkssuperlativ-Forschung. Hamburg, 157–184.

Piirainen, Elisabeth / Wilhelm Elling (1992): Wörterbuch der westmünsterländischen Mundart. Hg. vom Heimatverein Vreden unter Mitarbeit zahlreicher Gewährsleute. Vreden.

Schmoeckel, Hermann / Andreas Blesken (1952): Wörterbuch der Soester Börde. Ein Beitrag zur westfälischen Mundartforschung. Soest.

Schumacher, Theo (1963): Sprachliche Deformation und Formation: Zur Wortgeographie der „Ameise". In: Deutsche Wortforschung in europäischen Bezügen 2. Gießen, 301–316.

Simon, Irmgard (2003): *Spökenkieker – Spökeding – Füerbedriif.* Wörter, Zitate, Redewendungen zum Phänomen ‚Vorgeschichte' (Zweites Gesicht) und zu andern gespenstischen Erscheinungen. In: Niederdeutsches Wort 43, 369–385.

Stern, Heidi (2000): Wörterbuch zum jiddischen Lehnwortschatz in den deutschen Dialekten. Tübingen.

Strodtmann, Johann Christoph (1756): Idioticon Osnabrvgense. Leipzig / Altona.

Tophinke, Doris / Nadine Wallmeier / Marie-Luis Merten (2021): Das paderbörnische Platt. Niederdeutsch im Gebiet der Kreise Paderborn und Höxter. Münster.

Voß, Johann Heinrich (1785): Gedichte. Erster Band. Hamburg.

Westfälisches Wörterbuch (WWb). Hg. von der Kommission für Mundart- und Namenforschung des Landschaftsverbandes Westfalen-Lippe. Bearb. von Robert Damme, Hermann Niebaum, Hans Taubken, Paul Teepe und Felix Wortmann. 5 Bände und Beiband. Kiel Hamburg 1969–2021.

Wibbelt, Augustin (1909/1991): Mäten-Gaitlink. Gedichte in Münsterländer Mundart. 7. Aufl. Bearb. von Hans Taubken. Münster.

Wibbelt, Augustin (1934/2013): Aobend-Klocken. Gedichte in münsterländischer Mundart. 6. Aufl. Bearb. von Hans Taubken. Bielefeld.

Wirrer, Jan (1987): „So sprickt dat Hart sik ut": Alltagswissen und Dialekte. In: Rainer Wimmer (Hg.): Sprachtheorie. Der Sprachbegriff in Wissenschaft und Alltag. Düsseldorf, 256–279.

# WÖRTERVERZEICHNIS

# BILDNACHWEISE

## Teil 1:

**Apenköster:** Pixabay / goodlynx
**Bessmoder:** LWL-Medienzentrum für Westfalen / Reinhold Budde
**Büxe:** LWL-Medienzentrum für Westfalen
**döppen:** Archiv für Alltagskultur / Adolf Risse
**Geitlink:** Pixabay / MatteoBaronti
**Gudd gaohn:** LWL / Dirk Frerichmann
**Iserkoken:** Archiv für Alltagskultur / Rudolf Lindemann
**Kaneel:** Pixabay / Mareefe
**Klumpen:** LWL-Medienzentrum für Westfalen / Stephan Sagurna
**kniepig:** LWL-Medienzentrum für Westfalen / Ignaz Böckenhoff
**knüttern:** LWL-Medienzentrum für Westfalen / Friedrich Hundt
**Köppken:** Pixabay / ArturoAez220
**küern:** LWL / Markus Bomholt
**Latüchte:** Pixabay / Tomasz_Mikolajczyk
**Mickenick:** LWL-Medienzentrum für Westfalen
**Miegampel:** Pixabay / kie-ker
**Nachtpolter:** shutterstock / Nejron Photo
**pännkenfett:** LWL-Medienzentrum für Westfalen / Nachlass Josef und Werner Viegener
**Paoskefüer:** LWL-Medienzentrum für Westfalen / Peter Höffer
**Piärdemörder:** Pixabay / Schwoaze
**Pielepogge:** Pixabay / MarjanNo
**Piggenbruut:** Archiv für Alltagskultur
**Poggenstohl:** Fotolia / dabjola
**pöhlen:** Imago / Christoph Reichwein
**Pütt:** Archiv für Alltagskultur / Adolf Risse
**Scheesken:** Archiv für Alltagskultur / Richard Lepper
**Schleif:** Pixabay / congerdesign
**schlindern:** Pexels / Suzy Hazelwood
**Sissemännken:** shutterstock / Photo Win1
**Spargitzen:** LWL-Medienzentrum für Westfalen / Ignaz Böckenhoff
**Spökenkieker:** Drilandmuseum der Stadt Gronau (Westf.), Emil Schoppmann
**Sticke:** Pixabay / _Alicja_
**Teihn-Ührken:** LWL-Medienzentrum für Westfalen / Nachlass Franz Dempewolff
**Tremse:** Pixabay / dendoktoor
**Trufel:** Archiv für Alltagskultur / Adolf Risse
**Uchte:** LWL-Medienzentrum für Westfalen / Günter Weber
**Uchte (Belegzettel):** LWL
**Uhlenflucht:** Bucheinband Henßen (1939) / LWL
**Ünnerst:** Archiv für Alltagskultur / Theo Klein-Happe

## Teil 2:

**Bonbon:** LWL / Markus Bomholt
**Butterbrot:** Adobe Stock
**Eichhörnchen:** Pixabay / terbe_rezso
**Frosch:** Pixabay / Couleur
**Hund:** Pixabay / Chiemsee2024
**Ohrwurm:** Pixabay / Francisco Javier Corado R
**Purzelbaum:** Adobe Stock
**Regenwurm:** Pixabay / Portal Jardin
**Schmetterling:** Pixabay / neelam279
**Schuhband:** LWL / Markus Bomholt
**Schulanfänger:** Adobe Stock
**sehr (Fragebogen):** LWL
**Spekulatius:** Pixabay / 11082974
**Wald:** Pixabay / Larisa Koshkina

**Karten:** Dirk Frerichmann